CB134787

A ESSÊNCIA DA Fé

Os Objetivos, a Filosofia e a Missão da Editora Martin Claret

O principal Objetivo da MARTIN CLARET é continuar a desenvolver uma grande e poderosa empresa editorial brasileira, para melhor servir a seus leitores.

A Filosofia de trabalho da MARTIN CLARET consiste em criar, inovar, produzir e distribuir, sinergicamente, livros da melhor qualidade editorial e gráfica, para o maior número de leitores e por um preço economicamente acessível.

A Missão da MARTIN CLARET é conscientizar e motivar as pessoas a desenvolver e utilizar o seu pleno potencial espiritual, mental, emocional e social.

A MARTIN CLARET está empenhada em contribuir para a difusão da educação e da cultura, por meio da democratização do livro, usando todos os canais ortodoxos e heterodoxos de comercialização.

A MARTIN CLARET, em sua missão empresarial, acredita na verdadeira função do livro: o livro muda as pessoas.

A MARTIN CLARET, em sua vocação educacional, deseja, por meio do livro, claretizar, otimizar e iluminar a vida das pessoas.

Revolucione-se: leia mais para ser mais!

MARTIN CLARET

Coleção Pensamentos e Textos de Sabedoria

A Essência da Fé

A Essência da Sabedoria dos Grandes Gênios de Todos os Tempos

MARTIN CLARET

Créditos

IDEALIZAÇÃO E COORDENAÇÃO
Martin Claret

CAPA
Virgem da Anunciação
(detalhe), Antonello da Messina
(Ver pág. 125)

MIOLO
Revisão
Patrícia Lacerda

Direção de Arte
José Duarte T. de Castro

Digitação
Conceição A. Gatti Leonardo

Editoração Eletrônica
Editora Martin Claret

Fotolitos da Capa
OESP

Papel
Off-Set, 70g/m²

Impressão e Acabamento
Paulus Gráfica

EDITORA MARTIN CLARET
R. Alegrete, 62 – Bairro Sumaré – São Paulo-SP
CEP 01254-010 - Tel.: (11) 3672-8144 – Fax: (11) 3673-7146
www.martinclaret.com.br

Agradecemos a todos os nossos amigos e colaboradores — pessoas físicas e jurídicas — que deram as condições para que fosse possível a publicação deste livro.

Este livro foi impresso no verão de 2005.

Seja profeta de si mesmo

Martin Claret

"A função derradeira das profecias não é a de predizer o futuro, mas a de construí-lo."

Somos criaturas programáveis

*Caro leitor: não é por acaso que você está lendo este livro-*clipping. *Nada acontece por acaso. Tudo acontece por uma causa.*

Possivelmente a causa de você o estar lendo seja a sua vontade de obter mais informações ou expandir a sua consciência. A causa, também, pode ser a força da minha mentalização.

Cientistas, antropólogos, psicólogos e educadores têm afirmado que o ser humano é uma criatura culturalmente programada e programável.

Eis aí uma grande verdade.

Seu *hardware* e seu *software*

Nosso cérebro e nosso sistema nervoso — o nosso hardware *(a máquina) — é mais ou menos igual em todas as pessoas. A grande diferença que faz a diferença é o que está gravado ou programado no cérebro, isto é, o nosso* software *(o programa).*

Explicando de uma maneira extremamente simplificada, você tem três tipos de programação: 1ª- a programação genética (o instinto); 2ª- a programação sóciocultural (família, amigos, escola, trabalho, líderes espirituais e políticos, livros, cinema, TVs, etc.); 3ª- a autoprogramação ou a programação feita por você em você mesmo.

Na primeira programação você não tem nenhum controle; na segunda, tem controle parcial; e na terceira programação você tem controle total.

É fundamental que você saiba, conscientemente, controlar o terceiro tipo de programação, ou seja, a autoprogramação.

Um método de autoprogramação humana

*Todos os livros-*clippings *da coleção* Pensamentos de Sabedoria *foram construídos para conduzir você a se autoprogramar para um estado de ser positivo, realístico e eficiente.*

Depois de longa pesquisa e vivência — análise e intuição — concluí que há, e sempre houve, um método simples e seguro de autoprogramação.

As informações adquiridas através da leitura de "historinhas", parábolas, fábulas, metáforas, aforismos, máximas, pensamentos etc., podem, eventualmente, atingir seu subconsciente sem passar pelo crivo do consciente analítico e bloqueador. Esta prática permite, sem grande esforço, implantar em seu sistema automático perseguidor de objetivos uma programação incrivelmente podero-

sa e geradora de ação.

Sabemos — o grande objetivo da educação não é apenas o saber, *mas a* ação.

Um dos maiores Mestres de nosso tempo e um gênio na Arte de Viver, formalizou com incrível simplicidade este princípio quando ensinou: "Pedi e vos será dado; buscai e achareis; batei e vos será aberto. Pois todo o que pede, recebe; o que busca, acha; e ao que bate, se abrirá."

Hoje, em plena era da informática, com a conseqüente revolução da comunicação, estamos compreendendo esses eficientes recursos que temos inerentemente dentro de nós.

Um livro "vivo" e motivador

A coleção Pensamentos de Sabedoria *foi idealizada e construída para nos programar (autoprogramar) para a plenitude da vida. São 72 volumes de 112/128 páginas, no formato de bolso 11,5 x 18 cm com textos essencializados, de alta qualidade gráfica, periodicidade mensal, baixo custo e distribuição a nível nacional.*

Este livro começa onde o leitor o abrir. Ele não tem início nem fim. Pode continuar na nossa imaginação.

A essência da sabedoria dos grandes mestres espirituais, líderes políticos, educadores, filósofos, cientistas e empreendedores está aqui reunida de uma maneira compacta e didaticamente apresentada.

Buscamos a popularização do livro.

A foto e o pequeno perfil biográfico do autor de cada pensamento têm a função de facilitar a visualização do leitor. As "historinhas", ou "cápsulas" de informação, estão apresentadas com extrema concisão. As principais emoções e os mais importantes assuntos do conhecimento humano estão presentes nos 72 volumes. Cada título da coleção Pensamentos de Sabedoria *é um livro "vivo", motivador e transformador. Oferecemos o livroterapia.*

Uma paixão invencível

Minha permanente paixão cultural (já o disse em outros trabalhos) é ajudar as pessoas a se auto-ajudarem. Acredito ser esta minha principal vocação e missão. Quero "claretizar" as pessoas, ou seja, orientá-las no sentido de que vivam plenamente e tenham uma visão univérsica do mundo. Que sejam e que vivam harmonizadamente polarizadas.

Você tem o poder de genializar-se.

Este é o meu convite e o meu desafio lançado a você, leitor. Participe do "Projeto Sabedoria" e seja uma pessoa cosmo-pensada e auto-realizada.

"Pensar que É faz realmente SER".

Leitor amigo: vamos, juntos, construir uma poderosa força sinérgica para o nosso desenvolvimento pessoal e para o desenvolvimento de todas as pessoas de boa vontade.

Comece rompendo seus limites, modelando os grandes gênios. Visualize-se como já sendo "um vencedor do mundo".

Seja profeta de si mesmo.

LEON TOLSTÓI - Escritor e filósofo russo, nascido em Iasnaia Poliana (Bosque Claro), extensa propriedade particular de sua aristocrática família. Escritor mundialmente conhecido, que transformou totalmente sua personalidade quando resolveu dedicar-se à filosofia. Na velhice foi visitado por personalidades de todas as crenças. Discípulos, poetas, políticos, escritores e chefes de Estado foram render homenagem ao nobre que renunciara aos bens terrenos para dedicar-se `as obras de Deus. Entre os seus romances destacam-se *Guerra e Paz* e *Ana Karenina*. (1828 - 1910).

“

A fé é a força da vida.

”

Fé incondicional

(Lc 17. 5 ss.)

Huberto Rohden

A fé cresce na razão em que o homem se liberta do egoísmo

"Disseram os discípulos ao Senhor: Aumenta-nos a fé!

Respondeu-lhes Jesus: Se tiverdes fé, que seja como um grão de mostarda, e se disserdes a esta amoreira: arranca-te e transplanta-te para o mar! ela vos obedecerá".

Logo depois desta elevada metafísica, passa Jesus ao plano de uma física tão corriqueira, como a dos trabalhos de agricultura e pecuária — que, à primeira vista, não atinamos com a afinidade entre elas.

Mas, no fim desta estranha digressão de aparente heterogeneidade, volta o Mestre a ligar o fio da homogeneidade, concluindo: "Quando tiverdes feito tudo o que vos foi mandado fazer, dizei: somos servos inúteis; cumprimos a nossa obrigação; nenhuma recompensa merecemos por isto".

Esta conclusão final é a resposta ao pedido inicial dos discípulos: Senhor, aumenta-nos a fé!

Antes de tudo, o que quer dizer fé?

Há quase dois mil anos que a cristandade identifica fé com *crença* — e esta identificação marcou o início de uma das maiores tragédias espirituais do cristianismo de todos os setores, sobretudo do protestantismo, que se baseia principalmente no princípio de "quem crer será salvo".

A nossa palavra "fé" vem do termo *fides*, radical de fidelidade. Fé é, pois, uma atitude de fidelidade, harmonia, sintonia. Quando o meu aparelho de rádio está sintonizado com a onda eletrônica emitida pela estação emissora, então o meu rádio apanha nitidamente a música irradiada pela emissora — meu rádio tem "fé", fidelidade, alta fidelidade, com a estação emissora. Mas, quando o meu aparelho receptor não está afinado pela mesma freqüência vibratória da emissora, não apanha a música, porque não tem "fé", fidelidade, sintonia.

A "crença" nada tem que ver com a fé. A crença, substantivo derivado do verbo crer, é uma opinião vaga, incerta, indefinida; assim como quando alguém diz: creio que vai chover, creio que fulano morreu — mas nada disto é certo.

Por que é que a palavra exata "fé" foi substituída pelo vocábulo vago "crença"? Por que dizemos "eu creio", em vez de dizermos "eu tenho fé"?

Infelizmente, o substantivo latino *fides* não tem verbo, e como fé é derivado de *fides*, também em português, como em qualquer outra língua neolatina, não existe verbo derivado da palavra fé. E temos de empregar um verbo de outro radical. Do latim *credere* fizemos *crer, crença*.

E com isto perdemos a verdadeira noção da palavra fé, no sentido de fidelidade.

Poderíamos inventar o verbo "fidelizar" para dizer "ter fé" — mas é um neologismo desconhecido.

O texto dos Evangelhos do primeiro século foi escrito em grego e, nesta língua, *fides*, fé, é *pistis*, que tem o verbo *pisteuein*, ter fé, fidelizar. Mas a tradução latina, não encontrando verbo derivado de *fides*, viu-se obrigada a recorrer ao termo vago *credere*, que em português deu crer.

Os discípulos de Jesus pedem, pois, ao Mestre: Aumenta a nossa fidelidade, a nossa sintonia, a nossa harmonia com o mundo espiritual; robustece a consonância entre a nossa consciência humana e a consciência divina. Os discípulos sentem que têm uma ligeira fidelidade com o mundo da realidade divina, mas sentem também a fraqueza e pequenez dessa sua fidelidade.

Então lhes respondeu o Mestre: Se tiverdes fidelidade, genuína e autêntica, mesmo que seja inicialmente pequena como um grão de mostarda, porém genuína e autêntica, então tereis poder sobre todo o mundo material. O que é importante não é a *quantidade*, mas sim a *qualidade* da vossa fé. A onipotência do espírito tem poder sobre qualquer potência da matéria. O que é decisivo é a *intensidade qualitativa* da vossa fé, não a *extensão quantitativa*.

E para lhes mostrar em que consiste essa qualidade intensiva da fé, recorre o Mestre não a uma definição abstrata e teórica, mas a uma exemplificação concreta e prática. Faz ver que os atos desinteressados produzem o clima propício para uma atitude espiritual de fé ou fidelidade. Quem trabalha para ser recompensado age em nome do ego humano, sempre egoísta; mas quem trabalha sem nenhuma intenção, explícita ou implícita, de ser recompensado, esse cria um ambiente propício para a atitude de fé.

Os discípulos pediram ao Mestre: Aumenta-nos a fé! E o Mestre lhes fez ver que eles mesmos devem aumentar a sua fé por meio de atos desinteressados.

A fé é uma atitude espiritual do Eu, mas qualquer ato interesseiro do ego mercenário enfraquece o ambiente para o nascimento e crescimento da fé.

A frase final sobre "servos inúteis" é um golpe de misericórdia para o nosso inveterado egoísmo humano. Todo o ego se sente "servo útil" e, de tão útil que se julga, quer ser sempre recompensado por seus atos. O ego nada faz de graça; a zona da graça é do Eu espiritual, que, por isto mesmo, pode trabalhar de graça .

"Por Moisés foi dada a lei (ego), pelo Cristo veio a verdade, veio a graça (Eu)".

Todo ego mercenário é um ótimo discípulo de Moisés — e um péssimo discípulo do Cristo.

Quem vive no signo da graça, age de graça — quem não vive no signo da graça, vive na desgraça.

Por isso, todo ego mercenário é um desgraçado.

O filósofo francês Bergson diz que todas as igrejas detestam o egoísmo terrestre, mas todas recomendam o egoísmo celeste. As teologias ensinam, geralmente, que o homem deve ser bom, altruísta, virtuoso, com o fim de merecer o céu — e não percebem que também isto é egoísmo, egoísmo póstumo, egoísmo sublimado.

O homem realmente liberto e totalmente realizado não espera recompensa alguma pelo fato de ser bom, nem antes nem depois da morte. O homem realmente bom é *incondicionalmente* bom. Não é bom para ser recompensado com algum céu objetivo, com um prêmio celeste. O homem incondicionalmente bom realiza o reino dos céus dentro de si subjetivamente, e esta auto-realização é que é o seu céu. Não espera nenhum céu externo de fora, realiza o seu céu interno de dentro.

Isto não é egoísmo, porque onde o ego foi totalmente superado não há mais egoísmo.

É o que o Mestre chama ser "servo inútil", sem crédito, sem direito a nenhuma recompensa objetiva.

Kant, na sua filosofia analítica, censura acremente Spinoza pelo fato de ter glorificado o homem incondicionalmente bom; mas o monista judeu de Amsterdam era mais crístico que o teísta cristão de Koenigsberg.

Toda esta parábola visa a mostrar que a verdadeira fé, ou fidelidade com o espírito de Deus, cresce na razão direta da libertação do homem de qualquer espírito mercenário.

(In: *Sabedoria das Parábolas*, Huberto Rohden, Editora Martin Claret, São Paulo, 1994.)

SANTO AGOSTINHO - Teólogo, filósofo, escritor e bispo da Igreja Católica. Nasceu em Tagaste, Tunísia. Descendente de pai pagão e mãe cristã, experimentou as contradições de seu espírito. Prevalescendo os rogos de sua mãe, converteu-se ao cristianismo. Foi místico e sábio, consagrado pela Igreja Católica com o título de "doutor da graça". Após sua conversão, levou uma vida de santidade. Seu dia é comemorado a 28 de agosto. Sua obra-prima: *Cidade de Deus*. (354 d.C. - 430 d.C.).

"

Fé é acreditarmos no que não vemos, e a recompensa dessa fé é vermos aquilo em que acreditamos.

"

Verbete "Fé " do Novo Dicionário Aurélio da Língua Portuguesa

Fé. [Do lat. *fide.*] S. f. **1.** Crença religiosa: *De tanto sofrer, perdeu até a fé.* **2.** Conjunto de dogmas e doutrina que constituem um culto: *a fé muçulmana; a fé católica.* **3.** *Rel.* A primeira virtude teologal: adesão e anuência pessoal a Deus, seus desígnios e manifestações. **4.** Firmeza na execução de uma promessa ou de um compromisso. **5.** Crença, confiança. **6.** Asseveração de algum fato. **7.** Testemunho autêntico que determinados funcionários dão por escrito acerca de certos atos, e que tem força em juízo. [Cf. *fé.*] * **Fé conjugal.** Fidelidade conjugal. **Fé de ofício. 1.** A fé que se funda na honra do cargo ou da profissão de quem atesta ou abona. **2.** Folha de serviço dum funcionário público ou dum militar. **Fé do carvoeiro.** Crença cega. **Fé pública.** Presunção legal de autenticidade, verdade ou legitimidade de ato emanado de autoridade ou de funcionário devidamente autorizado, no exercício de suas funções. **Fé púnica.** Deslealdade, perfídia. **À falsa fé.** Falsamente, deslealmente; com traição: "O certo é que durante a larga demora que sofreu a ratificação, e sobretudo a notificação do tratado, apossaram-se [os holandeses] à falsa fé, e quase sem resistência, de Sergipe e Maranhão, no Brasil; e de Angola, em África" (João Francisco Lisboa, *Obras*, IV, p. 39). **A fé.** Na verdade, por certo; a la fé. **A la fé.** V. *a fé*: "A la fé.... que a festa de vossos anos.... será mais de mancebo cavaleiro que de capitão encanecido e prudente." (Alexandre Herculano, *Lendas e Narrativas*, II, p. 82.) **Dar fé a.** Acreditar em; acreditar, crer. **Dar fé de. 1.** Afirmar como verdade; testificar. **2.** Garantir, por encargo legal, a verdade ou a autenticidade do texto de um documento ou de um relato, de uma assinatura etc. **3.** Perceber, notar, ver: *Nem deu fé da minha presença.* **Dar por fé. 1.** Afirmar como verdadeiro; certificar. **2.** Garantir, por encargo legal, a verdade ou autenticidade do conteúdo de um documento ou relato; portar por fé. **Fazer fé. 1.** Ser digno de crédito. **2.** Prestar testemunho autêntico. **Fazer fé em.** V. *ter fé em*. **Fazer uma fé em.** V. *fezinha*. **Levar fé em.** V. *ter fé em*: *Não levo fé nesse projeto.* **Portar por fé.** Dar por fé (2). **Ter fé.** Ser digno de crédito. **Ter fé em.** Depositar confiança em; confiar; acreditar; fazer fé em, levar fé em.

(In: *Novo Dicionário Aurélio da Língua Portuguesa*, Editora Nova Fronteira, Rio de Janeiro, 1986.)

MAHATMA GANDHI - Líder político e espiritual da Índia, cuja sabedoria e postura humanista tornaram conhecido no mundo inteiro. Através da filosofia da não-violência libertou a Índia do colonialismo britânico. Nasceu em Porbandar (Estado de Kathiavar), no norte da Índia. Estudou Direito em Londres. Escreveu mais de duas centenas de livros sobre religião, saúde e política. Sua obra mais conhecida é a autobiografia *Minha Vida e Minhas Experiências com a Verdade*. Por razões políticas foi assassinado em 1948, em Nova Délhi. (1869 - 1948).

“A não-violência é o primeiro item da minha fé e o último da minha crença.”

O avarento

Esopo

Um avarento possuía uma barra de ouro, que mantinha enterrada no chão. Todos os dias ia lá dar uma olhada.

Um dia, descobriu que a barra fora roubada, e começou a se descabelar e a se lamentar aos brados.

Um vizinho, ao vê-lo naquele estado, disse:

— Mas para que tanta cólera e tristeza? Enterre uma pedra no mesmo lugar e finja que é de ouro. Vai dar na mesma, pois quando o ouro estava aí você não usava para nada!

Jesus e o poder da fé

Os apóstolos disseram ao Senhor:
"Aumenta-nos a fé!" O Senhor respondeu:
"Se tivésseis fé como um grão de mostarda,
diríeis a esta amoreira: 'Arranca-te e
replanta-te no mar', e ela vos obedeceria."

(Lucas, 17, 5-6.— *Novo Testamento*.)

A aventura espiritual

Marilyn Ferguson

Em seu relato de um aprendizado sufista, Reshd Feild disse:

> De repente compreendi que é realmente necessário procurar fazer a pergunta; em vez de provocar o afastamento da resposta por correr atrás dela, deve-se perguntar e escutar ao mesmo tempo... Naquele momento, eu sabia que estava sendo ouvido, que estava me dissolvendo e me transformando em alimento para o grande processo de transformação que estava ocorrendo no Universo... Ao mesmo tempo que estava morrendo, eu estava nascendo...

Hamid disse: "A alma é uma substância conhecendo".

Nas religiões ocidentais, os assuntos são por costume admitidos como sendo resolvidos através da fé, mas um mestre nas tradições do conhecimento direto encoraja perguntas e até mesmo dúvidas. A espiritualidade solicita de quem busca que se desfaça das crenças, não que lhes acrescente coisas.

Diversos perigos aguardam o aventureiro espiritual. Em um capítulo anterior, discutimos alguns perigos óbvios: comportamento regressivo, experiências perturbadas, fanatismo, submissão passiva a um mestre indigno, mudança pendular.

As próprias disciplinas, porém, alertam sobre outros perigos mais sutis. "O caminho deste mundo é como o fio de uma lâmina", observou um mestre hassídico e, no *Katha Upanzshad*, a famosa frase: "O caminho é estreito. . . fino como uma lâmina de navalha, o mais difícil de ser percorrido".

Enquanto quem está de fora pode considerar como alarmante a perda transitória de equilíbrio interno dos que buscam espiritualmente, um mestre poderá considerar tal fato como um passo necessário. O perigo maior, na mente do professor, está em que o aluno possa se tornar certo de que tem as respostas, parar, e nunca atingir o grau adequado de incerteza.

Ao lhes ser pedido que indicassem as idéias que abandonaram como resultado do processo transformador, muitos dos que responderam ao questionário citaram "cristianismo convencional", "dogma religioso" e cerca de um número igual se referiu a "ateísmo" ou "agnosticismo".

O Centro Radical da experiência espiritual parece estar conhecendo sem doutrina.

Um contemporâneo à procura descreveu sua própria experiência:

> Houve inúmeras vezes em que senti que realmente compreendia o que era tudo. Mas, anos mais tarde, diria que foi uma estupidez. De um ponto de observação subseqüente, percebi que eu obviamente não tinha entendido coisa alguma. Penso que isso é bastante universal.

Todas as vezes em que se aumenta aquele conhecimento — ou se adquire mais — passa-se a ver as coisas sob uma perspectiva diferente. Não é que se tenha estado verdadeiramente errado antes, mas as coisas são vistas de modo diferente, sob uma luz diferente... Essa é a essência da transformação, atingindo a parte em nós mesmos que sabe, que não se sente ameaçada e que não luta contra a metamorfose...

Mestres e técnicas nas disciplinas espirituais podem ser considerados em conjunto, pois o professor não transmite conhecimentos, mas técnicas. É esta a "transmissão" do conhecimento por experiência direta.

A doutrina, por outro lado, é o conhecimento de segunda mão, um perigo. "Levante-se, passe adiante e fique livre", é o conselho de Rinzai, mesmo sábio que disse aos que buscam que matassem os patriarcas ou o próprio Buda, se os encontrassem. "Não se enrede em nenhum ensinamento."

Supõe-se que os discípulos encontrem o professor, e não o contrário. A autoridade do professor repousa na liberação pessoal. Seguem-se qualidades, e não pessoas.

O caminho para o conhecimento direto é lindamente ilustrado em uma série do quadros da China do século XII, conhecida como os 10 quadros do arrebanhamento do boi. O boi representa a "natureza suprema". No primeiro *(Procurando o Boi)*, quem procura se põe a buscar alguma coisa de que tem apenas uma vaga idéia. Depois *(Encontrando os Rastros)* percebe, nos traços de sua própria consciência, que na realidade existe um boi. Após algum tempo (O *Primeiro Clarão)*, tem a primeira experiência e sabe então que o boi é onipresente. No seguinte *(Agarrando o Boi)*, entrega-se a práticas espirituais avançadas para ajudá-lo a lidar com a força selvagem do boi. Gradualmente *(Domando o Boi)*, chega a um relacionamento mais íntimo, mais sutil, com a natureza suprema. Nessa fase, quem busca desaprende muitas das diferenças que eram úteis nos estágios anteriores. "O Boi é agora um companheiro livre, não um instrumento para arar o campo do esclarecimento", escreveu Lex Hixon, professor de meditação, em seu sensível comentário sobre os quadros.

No estágio da iluminação *(Levando o Boi para Casa)*, o ex-discípulo, agora um sábio, percebe que as disciplinas não eram necessárias — o esclarecimento esteve sempre próximo. Em seguida (O *Boi Esquecido, Eu Só* e *o Boi e o Eu Esquecidos)*, ele chega ainda mais perto da consciência pura e descobre que não existe pessoa alguma que seja um sábio iluminado. Não há esclarecimento. Não há santidade, porque tudo é sagrado. O profano é sagrado. Todos são sábios, esperando acontecer.

Na penúltima fase *(Retorno à Fonte)*, o sábio que procura se amalgama com o reino que gera o mundo dos fenômenos. Uma vista de montanhas, pinheiros, nuvens e ondas aparece. "Este crescer e decrescer da vida não é um fantasma, mas uma manifestação da fonte", lê-se na legenda. Mas há um outro estágio além desse idílio.

O quadro final *(Entrando no Mercado com Mãos que Ajudam)* evoca a ação e a compaixão humanas. Quem busca é visto agora como um alegre camponês que vai de aldeia em aldeia. "O portão de sua casa está fechado, e mesmo o mais sábio não poderá encontrá-lo." Ele terá penetrado tão profundamente na experiência humana que sua pista não pode ser seguida. Sabendo agora que todos os sábios são um único, ele não segue grandes mestres. Buscando a intrínseca natureza, Buda em todos os seres humanos, mesmo estalajadeiros e peixeiros, ele os fez florescer.

Estas idéias fazem parte de todas as tradições do conhecimento direto: o vislumbre da verdadeira natureza da realidade, os perigos das experiências iniciais, a necessidade de treinar a atenção, a eventual dissociação do ego ou do eu individual, a iluminação, a descoberta de que a luz esteve sempre presente, a conexão com a fonte que gera o mundo das aparências, a reunião com todas as coisas vivas.

Os métodos para a obtenção da liberação foram comparados por Buda a uma jangada que leva alguém para longe da praia. Uma vez que se chegue à margem oposta, não se tem necessidade do método. De modo similar, um professor é comparado com um dedo apontado para a Lua. Desde que se veja a Lua — uma vez que se cornpreenda o processo — não há necessidade de olhar para o dedo. Assim como precisamos nos tornar ricos antes que descubramos que não precisamos ficar ricos, adquirimos técnicas que nos ensinam que não precisamos de técnicas. O sagrado nos leva de volta ao profano, mas nunca mais o tomaremos a ver como profano.

Não precisamos apaziguar nossas paixões, disse Blake, mas tão-somente "cultivar nosso conhecimento... tudo o que vive é sagrado".

(In: *A Conspiração Aquariana,* Marilyn Ferguson, Editora Record, Rio de Janeiro, 1982.)

PAULO COELHO - Escritor brasileiro, teatrólogo e ensaísta. Nasceu no bairro de Botafogo, Rio de Janeiro. Considerado o maior fenômeno literário dos últimos tempos, no Brasil. Sua mensagem é de cunho espiritual-filosófico. Em menos de dez anos, escreveu seis obras, todas best-sellers, traduzidas para quase todas as línguas. Sua obra *O Alquimista* foi vendida para o cinema. Recentemente condecorado na França pelos méritos da sua obra literária. (1947 -).

> "Quando você quer alguma coisa, tudo no Universo conspira para que você realize o seu desejo."

Reprogramando o subconsciente

Louise L. Hay

Os pensamentos que temos vão se acumulando e, eventualmente, quando estamos distraídos, uma velha crença negativa ressurge. Quando está reprogramando sua mente, é normal e natural você avançar um pouco, depois regredir um tanto e, em seguida, avançar novamente. Isso faz parte do treinamento. Não existe nada neste mundo que você seja capaz de aprender com perfeição nos primeiros minutos de prática.

Você sabe usar um computador? Se sabe, lembre-se de como foi frustrante aprender a lidar com ele? Você teve de treinar muito até entender seu funcionamento, com suas regras e sistemas. Dei a meu primeiro computador o nome de Dama Mágica, porque, depois que aprendi suas regras, ele começou a fazer coisas que me pareciam mágicas. No entanto, na época em que eu estava aprendendo a lidar com a edição de textos, o modo de o Dama Mágica me avisar que eu estava saindo do caminho ou indo na direção errada era fazer desaparecer linhas e mais linhas de texto, obrigando-me a reescrevê-las dentro das regras. Muitas vezes me senti terrivelmente frustrada, mas foi por intermédio de meus erros que aprendi o sistema do computador.

Se você quer fluir com o sistema da vida, precisa se conscientizar de que seu subconsciente é como um computador. Se nele entram bobagens, saem bobagens. Se você digita pensamentos negativos, saem experiências negativas. Mas, é claro, você vai precisar de tempo e treinamento para aprender novas maneiras de pensar. Seja paciente consigo mesmo. No caso de um antigo padrão ressurgir enquanto você está tentando pensar de maneira diferente, não se censure com frases como: "Droga, não aprendi nada!" Diga: "Está bem, pode vir, mas vamos tentar outra vez do jeito novo".

Imagine que você fez muitas afirmações e conseguiu um bom resultado. Como pode saber que realmente resolveu a questão? A solução é se testar. Levante a velha questão novamente e observe sua reação. Se ao se deparar com ela você voltar ao antigo modo de agir, saberá que não aprendeu muito bem aquela lição em particular e precisa trabalhar mais nela. No entanto, tenha em mente que você fez apenas um pequeno teste e que os bons resultados anteriores devem ser valorizados. Ao fazer afirmações, estará repetindo novas verdades a seu subconsciente e dando-se a oportunidade de agir de maneira diferente. Seja seu problema financeiro, de saúde ou relacionamento, quando você passa a agir de uma maneira nova diante dele, está a caminho não somente de solucioná-lo como também de resolver outras questões em outras áreas de sua vida.

Lembre-se também de que o trabalho mental é

feito em camadas sucessivas. É comum alguém progredir bastante de início e, depois, parar em um determinado patamar. Nessa altura, pode surgir um antigo problema, uma doença ou um acidente. Isso não significa que você sofreu um retrocesso. É sinal de que você precisa trabalhar em camadas muito mais profundas.

Nunca pense que *não é bom o bastante* porque um velho padrão, no qual trabalhou muito para livrar-se dele, acabou ressurgindo. Já passei muito por isso. Quando me conscientizei de que não era uma *má pessoa* só porque estava novamente diante de uma antiga crença, avançar se tornou muito mais fácil. Nessas ocasiões, aprendi a dizer a mim mesma: "Louise, você está indo muito bem. Olhe só até onde já conseguiu chegar. Você só precisa de um pouquinho mais de treino. Eu te amo".

Acredito que cada um de nós decide encarnar neste planeta em um determinado ponto do tempo e do espaço. Escolhemos vir para cá com a intenção de aprender uma lição especial que nos fará progredir em nosso caminho evolutivo.

Um dos modos de deixar que o processo da vida se desenrole de forma positiva e saudável é afirmar constantemente aquilo que você considera suas verdades pessoais. Escolha afastar-se das crenças limitadoras que lhe vêm negando os benefícios que você tanto deseja. Declare que seus padrões de pensamentos negativos serão apagados de sua mente. Largue seus fardos e medos. Há muito tempo acredito nestas afirmações, que funcionaram muito bem para mim:

- *Tudo o que preciso saber me é revelado.*
- *Tudo o que necessito vem a mim na perfeita seqüência espaço-tempo.*
- *A vida é alegre e cheia de amor.*
- *Sou amorosa, digna de amor e amada.*
- *Sou saudável e cheia de energia.*
- *Prospero em todas as áreas de minha vida.*
- *Estou disposta a crescer e evoluir.*
- *Tudo está bem em meu mundo.*

Aprendi que ninguém consegue ser positivo o tempo todo. Todavia, procuro o máximo possível ver a vida como uma experiência cheia de alegria e fiz da crença de que estou sempre em segurança uma lei para mim.

Acredito que tudo o que necessito saber me é revelado e mantenho olhos e ouvidos abertos. Quando estava com câncer, tive a intuição de que um reflexologista, um terapeuta que trabalha nas solas dos pés, poderia me ser muito útil. Certa vez, fui assistir a uma palestra. Em geral, nessas ocasiões, sempre procuro me sentar na frente, pois gosto de ficar perto do orador. Naquela noite, contudo, algo me compeliu a escolher uma cadeira na última fileira. Logo depois um homem sentou-se a meu lado. Começamos a conversar e fiquei sabendo que ele era um reflexologista, exatamente o que eu procurava. Note que nem tive de ir a ele, ele veio a mim.

Acredito também que tudo vem a mim na perfeita seqüência tempo-espaço. Quando algo sai errado em minha vida, imediatamente começo a pensar: "Tudo está bem, sei que isto é bom para mim. Esta situação é uma experiência e conseguirei passar por ela. Existe algo aqui que é para meu mais alto bem. Tudo está bem. Respire fundo. Tudo está bem". Faço o melhor possível para me acalmar, de modo a poder refletir racionalmente sobre o que está acontecendo, e dou início a um intenso trabalho mental. Muitas vezes, aquilo que parecia um verdadeiro desastre resulta em algo muito bom no final ou pelo menos não termina de forma tão ruim como o começo parecia indicar. Hoje sei que cada experiência de minha vida encerra em si uma lição.

Costumo fazer muito diálogo interior positivo. Digo a mim mesma, no mínimo três vezes ao dia, que venho de um espaço amoroso no coração e treino amar a mim mesma e aos outros o máximo possível. Assim, meu amor vai se expandindo. O que consigo atualmente nessa área é muito mais do que conseguia há seis meses, e sei que daqui a um ano meu coração e consciência terão se ampliado ainda mais. Estou certa de que aquilo em que acredito sobre mim mesma torna-se verdade, assim escolho crer apenas em coisas boas.

Dou grande valor à meditação. Para mim, meditar é sentar-me e interromper o diálogo interior para ouvir a própria sabedoria. Quando medito, freqüentemente fecho os olhos, respiro fundo e pergunto a mim mesma: *O que eu preciso saber?* e aguardo tranqüilamente uma resposta. Em outras ocasiões, pergunto: *O que preciso aprender?* ou *Qual é a lição que posso extrair disto?* É comum acharmos que precisamos *consertar* tudo em nossa vida, porém o que de fato é esperado de nós é que *aprendamos* algo a partir de cada situação.

Quando comecei a meditar, sentia dores de cabeça terríveis. Isso aconteceu porque se tratava de uma prática incomum para mim, ia contra toda minha programação interior. Mesmo assim, persisti e, depois de três semanas, as dores acabaram desaparecendo.

Se no início de suas sessões de meditação você sentir o afluxo de uma grande quantidade de negativismo, não se aflija. Isso é sinal de que essas idéias negativas estavam escondidas por sua atividade. Bastou você se aquietar para elas subirem à superfície. Não se perturbe com elas, simplesmente veja o negativismo sendo liberado. Não tente lutar contra ele. Deixe-o continuar aflorando enquanto for necessário.

Também não se incomode se nas primeiras sessões de meditação você vier a pegar no sono. Deixe seu corpo fazer o que ele precisa, o equilíbrio virá com o tempo.

É essencial você reprogramar as crenças negativas, o que é feito por meio da repetição de afirmações positivas, que são novas verdades sobre você mesmo. Um bom modo de trabalhar a reprogramação é ouvir uma gravação das afirmações *feita em sua própria voz* . Fita mais poderosa ainda seria uma gravada por sua mãe, dizendo o quanto você é sensacional e que ela o ama muito. A melhor hora para ouvir essas gravações é quando você está adormecendo. Antes de ligar o gravador, procure relaxar todo o corpo. Solte os músculos o máximo que puder. Algumas pessoas acham mais fácil primeiro tensionar a musculatura, para depois relaxá-la, e vão fazendo isso dos pés à cabeça. Não importa o método que você use e sim liberar as tensões e abandonar as emoções. Procure entrar em um estado de abertura e receptividade. Quanto mais relaxado você estiver, mais fácil será para seu subconsciente receber as novas informações. Lembre-se acima de tudo de que você está sempre em segurança, que retém o controle da situação.

A meditação e o relaxamento são muito importantes, mas você deve pensar também no modo como agirá no restante do dia. Pouco adianta passar meia hora meditando e depois sair correndo para o trabalho e ficar gritando com todos a sua volta.

Como já disse antes, as técnicas que ensino são basicamente as da Ciência da Mente. O tratamento espiritual da mente como ensinado por ela é muito eficaz.

Se você estiver interessado em obter maiores informações sobre ele e não houver uma Igreja da Ciência Religiosa em sua cidade, consulte os livros escritos por Ernest Holmes, como *The Science of Mind*, *A New Design For Living* ou *This Thing Called You*.

(In: *O Poder Dentro de Você*, Louise L. Hay, Círculo do Livro, São Paulo, 1991.)

"A harmonia do finito com o Infinito é plenitude de vida e alegria — a desarmonia é limitação e sofrimento.
A solução da problemática do existir humano consiste em 'construir' esta harmonia."

Martin Claret

O poder único

Joel S. Goldsmith

Compreender a natureza de Deus é compreender o princípio básico da terapia espiritual.

Faz parte da natureza de Deus curar doenças? Achas que sim?

Se Deus é onipotente e todo amor, por que não curou as doenças ontem? Por que esperou até hoje? E por que não as cura nem hoje?

A maior parte dos homens pensa que Deus cura as doenças através do médico; mas, à luz das estatísticas, pelo menos até o século passado, Deus não foi muito feliz nesse processo de curar pela medicina. Até um século atrás, morriam diariamente homens em conseqüência de moléstias que hoje em dia são curadas em vinte e quatro horas. Por que assim? Queria Deus que esses homens morressem, quando nós não o queríamos? Haverá em Deus acepção de pessoas?

Deus nunca se agradou do nosso morrer, nem se agradará jamais. Além disto, Deus nunca foi responsável pelo nosso morrer. Os homens morriam porque a ciência médica não estava assaz desenvolvida e os médicos não possuíam suficiente conhecimento para curar os doentes; e também no presente século muitos têm de morrer porque os curadores espirituais não sabem o bastante para curar os doentes.

Em face disto, surge inevitavelmente a pergunta: "Será que Deus tem que ver alguma coisa com a doença do homem? E que tem Deus que ver com a cura dele? Nesse processo de terapia deve estar em jogo mais outro fator. Qual é este fator?"

Esse princípio aparece quando compreendemos a natureza de Deus e a característica do assunto em apreço. Quando compreendemos que Deus é o amor inesgotável, a sabedoria ilimitada, a bondade infinita, compreendemos que Deus não pode ser autor do mal; a doença é criação do homem, e ela só pode ser abolida por meio de um estado de consciência espiritual altamente desenvolvido.

Se fores capaz de compreender a verdade e importância desta afirmação, então compreenderás também que tu és responsável pelo desenvolvimento dessa consciência espiritual. Permite, pois, que a natureza de Deus se manifeste através de oração e meditação. Descobre por ti mesmo que Deus nunca autorizou uma doença a matar alguém, que nunca deu ordem a uma moléstia para matar um homem. Em face da natureza de Deus, que é puro amor, deve a doença estar situada fora da esfera da força criadora e conservadora de Deus; e isto quer dizer que não inere à doença nenhuma causa, nenhuma lei, nenhuma substância, nenhuma realidade intrínseca.

Existe um só poder, e esse poder único é Deus.

Entretanto, o conhecimento desse poder único não significa que Deus, como poder, seja *mais* poderoso que outro poder qualquer. Ele não é *mais* poderoso, ele é o *único* poder, fora do qual não existe nenhum outro.

A idéia de que Deus tenha poder sobre algo resulta da interpretação que nós damos à palavra "poder" ou "força". Quando falamos da força da eletricidade, da força do calor, da força do vento, entendemos que estas coisas possuem um poder que podemos pôr ao serviço da nossa vida. Será que o poder de Deus pode ser entendido deste modo?

Não, Deus é o poder único, que nunca pode ser utilizado pelo homem no sentido de ser posto ao serviço dos seus fins peculiares. Deus é o poder único e exclusivo em todo o Universo, e ao lado dele não existe nenhum outro poder.

Exemplifiquemos: temos, na música, os sons dó, ré, mi, fá, sol, lá, si. Cada um destes sons significa uma determinada vibração, que é sempre a mesma — mas isto não quer dizer que alguém não possa cantar erradamente estes sons certos.

Na aritmética temos os algarismos 1, 2, 3, 4, 5 etc., que têm um valor certo e determinado no mundo inteiro — o que, todavia, não quer dizer que tu ou eu não possamos falhar na aplicação destes valores certos.

Há um princípio básico, vital, imutável, na constituição do Universo; esse princípio não depende de nós; ele existe independente de nós e de qualquer criatura. Mas a aplicação prática e concreta desse princípio universal depende de nós; podemos acertar e podemos errar na sua aplicação. A harmonia entre o finito e o Infinito é saúde — a desarmonia é doença. Mas essa harmonia ou desarmonia nada têm que ver com o princípio infinito, têm que ver com a aplicação finita.

Podes tu pôr a teu serviço o poder de Deus?

Não! tu mesmo terás que pôr o teu Eu humano

em harmonia com o Poder divino. A Lei, o Poder, é eterna e imutável harmonia — tu é que podes ser harmonia ou desarmonia. Tu podes pôr a tua vida a serviço desse regime e desse poder infinito — mas não poderás jamais utilizar-te dele, pô-lo a serviço dos teus desejos humanos. Não podes mudar o curso de uma só estrela no céu. Não podes mudar as marés e as vazantes, porque a hora do seu vaivém está marcada por leis eternas.

Deus não é um grande poder que entre na liça para lutar contra os poderes negativos do pecado e da doença, da penúria e da limitação, no caso que tu consigas entrar em contato com aquele poder positivo. Não. Deus é um poder somente no sentido de ser o único poder criador e mantenedor do cosmos. Deus nos deu terras e mares, montes e vales, florestas e campinas, para os usarmos — mas não nos deu o poder de pormos o próprio Deus a nosso serviço. Podemos utilizar-nos dos dons de Deus — mas não do Doador divino. Deus é um poder que, por todo o sempre, mantém o seu Universo com perfeição, justiça e harmonia.

Quando o homem começa a viver do ponto de vista do poder único, então se modifica todo o conteúdo da sua vida. Neste mundo, enfrentamos a cada passo com pessoas, coisas e circunstâncias de caráter destruidor; sempre aparece algo ou alguém que destrói a nossa paz, a nossa saúde, a nossa harmonia, as nossas boas relações. Mas os espiritualmente iluminados de todos os tempos e países descobriram que não inere a essas coisas nenhum poder real — a não ser que o homem as reconheça como poderes reais e como tais as tema e combata.

O divino Mestre, Jesus o Cristo, não receava

nenhum poder terrestre, porque sabia que só existe um único poder. Quando, um dia, os seus discípulos se gloriavam do seu poder sobre as potências do mal, o Mestre os corrigiu imediatamente, dizendo: "Não vos alegreis porque os espíritos vos estão sujeitos — alegrai-vos antes porque os vossos nomes estão escritos nos céus". Com outras palavras: eles se deviam alegrar porque lhes fora revelado o grande mistério: que há um só poder, Deus. Por isto, não havia nenhum poder maléfico que lhes estivesse sujeito, nem mesmo em nome do Cristo; havia um só poder, e este único poder era benéfico.

E é este o mistério que continua a ser ignorado pelo mundo materialista, pela inteligência humana, e mesmo por muitos daqueles que se dizem religiosos. Só é conhecido no mundo da mística: Deus é o único poder, e ao lado dele não existe poder algum.

(In: *A Arte de Curar pelo Espírito*, Joel S. Goldsmith, tradução de Huberto Rohden, Editora Martin Claret, São Paulo, 1994.)

TEILHARD DE CHARDIN - Teólogo, cientista, matemático, filósofo e geólogo francês. É um dos expoentes da teologia contemporânea, que se destacou, também, em outros campos científicos e como escritor. Na filosofia, apresentou teorias mescladas de espiritualidade e ciência, porém suas teorias filosóficas desagradaram à Igreja Católica, que proibiu a leitura de seus livros. Somente após sua morte é que suas obras foram reconhecidas pelo Vaticano. Entres seus livros, o que mais se destaca é *O Fenômeno Humano*. (1881 - 1955).

"O futuro é como as águas sobre as quais se aventurou o Apóstolo: carrega-nos na proporção de nossa Fé."

Destino emocional: o único verdadeiro sucesso

Anthony Robbins

Seu Resultado: *Assuma o controle de suas emoções sistemáticas e comece de forma consciente e deliberada a reformular sua experiência de vida cotidiana.*

Não há um sucesso autêntico sem o sucesso emocional; apesar disso, das mais de três mil emoções que temos palavras para descrever, a pessoa média experimenta apenas uma dúzia diferentes, ao longo de uma semana média. Devemos lembrar que isso não reflete a capacidade emocional, mas sim as limitações de nossos padrões atuais de foco e fisiologia.

Ao longo deste livro, estudamos continuamente o controle das emoções, e você desenvolveu um amplo espectro de instrumentos para mudar de forma poderosa e rápida qualquer emoção que desejar. Compreende agora que mudar a forma como se sente é a motivação por trás de quase todos os seus comportamentos. Assim, é tempo de formular um plano pré-ação para lidar com os padrões emocionais negativos que habitualmente experimenta. É também importante proporcionar a si mesmo o presente de expandir a quantidade e qualidade do tempo que passa em estados emocionais positivos. O arsenal de habilidades de que dispõe para mudar seus estados emocionais é o seguinte:

- fisiologia
- convicções
- foco
- futuro irresistível
- perguntas
- valores
- submodalidades
- regras
- vocabulário transformacional
- referências
- metáforas
- identidade
- condicionamento neuro-associativo

O propósito do exercício de hoje é simplesmente o de torná-lo consciente de seus atuais padrões emocionais, e levá-lo a utilizar tantas das habilidades relacionadas acima quanto forem necessárias para garantir a modelagem diária de seu destino emocional.

"Ver é crer, mas sentir é a verdade."

Thomas Fuller, M. D.

A tarefa de hoje:

1. Escreva todas as emoções que experimenta numa semana média.
2. Relacione os eventos ou situações que costumam desencadear estas emoções.
3. Determine um antídoto para cada emoção negativa, e empregue um dos instrumentos apropriados para reagir ao Sinal de Ação. Precisa mudar as palavras que usa para descrever essa experiência? Precisa mudar o que acredita sobre esse estado emocional? Precisa fazer a si mesmo uma nova pergunta? Trate de focalizar sistematicamente as soluções, em vez dos problemas.

Empenhe-se ao longo deste dia em substituir a emoção antiga e limitadora por uma emoção nova e fortalecedora, e condicione esse novo padrão até que se torne consistente. Com nossas emoções sob controle, começaremos amanhã a controlar nosso destino.

(In: *Desperte o Gigante Interior*, Anthony Robbins, Editora Record, Rio de Janeiro, 1993.)

NORMAN VINCENT PEALE - Pastor e escritor norte-americano, nascido em Ohio. Nos Estados Unidos é chamado ministro de "milhões de ouvintes" e doutor em "terapêutica espiritual". Autor de duas dezenas de livros, inclusive o best-seller mundial *O Pensamento Positivo*. Pregador espiritual, propagou seus ensinamentos atavés de programas de rádio e televisão. (1898 - 1991).

“Acredito que Deus me dá forças para conseguir o que realmente desejo.”

Os cegos e o elefante

Autor anônimo

Era uma vez seis amigos, todos cegos, que moravam na Índia — terra dos maiores animais da terra, os elefantes. Naturalmente, sendo cegos, os amigos não tinham a menor idéia de como era um elefante.

Um dia estavam sentados, conversando, quando escutaram um grande urro.

— Acho que está passando um elefante pela rua — disse um deles.

— Então, é nossa chance de descobrir que tipo de criatura é esse tal de elefante! — disse outro.

E foram todos para a rua.

O primeiro cego esticou o braço e tocou na orelha do elefante.

— Ah! — disse para si mesmo —, o elefante é uma coisa áspera, espalhada. É como um tapete.

O segundo cego pegou na tromba.

"Agora entendo", pensou. "O elefante é uma coisa comprida e redonda. É como uma cobra gigante."

O terceiro cego pegou uma perna do elefante.

— Bom, eu jamais iria adivinhar! — espantou-se. — O elefante é alto e forte, igual a uma árvore.

O quarto cego pegou ao lado da barriga do elefante.

"Agora eu sei", pensou. "O elefante é largo e liso, como uma parede."

O quinto cego colocou a mão numa das presas.

— O elefante é um animal duro, pontudo, como uma lança — decidiu ele.

O sexto cego pegou no rabo do elefante.

— Ora, ora! — decepcionou-se. — Pode urrar bem forte, mas esse tal de elefante é apenas uma coisinha igual a uma cordinha fina!

Em seguida, sentaram-se juntos novamente, para conversarem sobre o elefante.

— Ele é áspero e espalhado, como um tapete! — disse o primeiro.

— Não, nada disso; ele é comprido e roliço, como uma cobra — disse o segundo.

— Não fale uma bobagem dessas! — riu o terceiro. — Ele é alto e firme, como uma árvore!

— Ah, nada disso — resmungou o quarto. — Ele é largo e liso, como uma parede.

— Duro e pontudo, como uma lança! — gritou o quinto.

— Fininho e comprido, como uma cordinha! — berrou o sexto.

E aí começaram a brigar. Cada um insistia que tinha razão. Afinal, não o havia tocado com as próprias mãos?

O dono do elefante ouviu a gritaria e chegou perto para ver que confusão era aquela.

— Cada um de vocês está certo, mas cada um de vocês está errado também — falou ele. — Um homem sozinho não consegue saber *toda* a verdade, só uma pequena parte. Porém, se trabalharmos juntos, cada um contribuindo com a sua parte para a formação do todo, aí sim poderemos obter sabedoria.

VIDA!

Ame-se e cure sua

Louise L. Hay

Pontos de poder

1. Somos responsáveis pelas nossas próprias experiências.
2. Cada pensamento que temos cria nosso futuro.
3. Todos estão constantemente lidando com padrões prejudiciais de ressentimento, crítica, culpa e ódio de si mesmos.
4. Tudo isso são apenas pensamentos, e pensamentos podem ser mudados.
5. Precisamos nos libertar do passado e perdoar a todos, inclusive a nós mesmos.
6. Auto-aprovação e auto-aceitação no "aqui e agora" são as chaves para mudanças positivas.
7. O ponto do poder está sempre no momento presente.

O subconsciente e a saúde

Dr. Joseph Murphy

Existe atualmente no mundo inteiro um crescente interesse pelo tema da terapêutica mental. O homem está despertando pouco a pouco para as forças curativas que residem em seu subconsciente. É fato conhecido que todas as várias escolas de cura pelo pensamento têm obtido os resultados mais surpreendentes.

A explicação é que só existe um princípio universal de cura. A mente subconsciente; e um só processo de cura: a convicção, ou fé.

Com muita razão, Paracelso declarou esta grande verdade: "Seja o objeto de sua fé verdadeiro ou falso, você obterá os mesmos resultados".

É conhecido o fato de que várias curas se realizam em locais sagrados pelo mundo afora — no Japão, na Índia, na Europa e no continente americano. Se estudarmos cada caso, encontraremos dezenas de teorias, amplamente divergentes. Cada uma, porém, apresenta indubitáveis provas de cura realizada.

O observador conclui que, obviamente, deve existir um princípio marcante, comum a todos os casos. Independentemente de situação geográfica ou dos meios utilizados, há um só e único princípio, pois o processo de toda e qualquer cura é a convicção.

Em primeiro lugar, devemos recordar a dualidade de nossa mente. O subconsciente está sempre receptivo, sempre pronto a curvar-se à força da sugestão. Além disso, tem o controle completo das funções, condições e sensações de nosso corpo.

Exemplificamos: um indivíduo em estado hipnótico pode ter febre alta, rosto congestionado ou arrepios de frio, de acordo com a espécie de sugestão que lhe é feita. Pode-se convencer o indivíduo de que ele está paralítico e ele não conseguirá dar um passo. Também se pode induzi-lo a sentir uma dor em qualquer parte do corpo. Se lhe apresentarmos um copo de água pura e dissermos: "É pimenta; cheire!", o hipnotizado começará a espirrar. Que pensa você que causou os espirros: a água ou a sugestão?

Se um alérgico a rosas estiver hipnotizado, você pode dar-lhe para cheirar uma flor artificial ou um copo vazio, dizendo-lhe tratar-se de rosas, e ele apresentará imediatamente os habituais sintomas alérgicos. Isso indica que a causa da moléstia está na mente — portanto, a cura da moléstia também se pode processar mentalmente.

Nós sabemos que notáveis curas são obtidas pela osteopatia, quiroprática, medicina e naturopatia, assim como pelas diversas religiões. Insistimos, porém, que todas essas curas são realizadas através da mente — o único elemento curativo que existe.

Note como o subconsciente cura um talho que você dá no rosto ao barbear-se. Ele sabe exatamente como fazê-lo. O médico faz um curativo no ferimento e diz: "A Natureza se encarregará de curá-lo". Natureza, neste caso, significa lei natural, a lei do subconsciente ou instinto de conservação, que é função do subconsciente. O instinto de conservação é a primeira lei da Natureza, o seu instinto mais forte e a mais poderosa de todas as auto-sugestões.

Já vimos, portanto, como se pode provocar uma doença no próprio corpo ou no de outrem, pela sugestão, desafiando os instintos naturais. É perfeitamente natural e óbvio que a sugestão, em harmonia com auto-sugestão instintiva, teria força muito aumentada.

É, pois, mais fácil manter a saúde ou restaurá-la, do que provocar uma doença. A fé que traz a cura é uma certa atitude mental, uma forma de pensar, uma certeza íntima, uma expectativa pelo melhor.

Na cura de um mal orgânico, é desejável, naturalmente, conseguir a convicção paralela do consciente e do subconsciente. Não é, porém, essencial que a pessoa entre num estado de passividade e receptividade, relaxando a mente e o corpo até atingir a sonolência. Sabemos de casos de pessoas que negavam a matéria e o corpo e ainda assim foram curadas. Outras afirmavam a realidade do mundo, assim como a da matéria e de seu corpo. Estas também foram curadas.

O fato é que qualquer método, técnica ou processo que seja utilizado e produza modificação na mentalidade, que traga nova atmosfera mental, é suficiente e produzirá resultados. A cura é o resultado de uma mudança de atitude mental ou de uma transformação na mente.

Como disse Paracelso: "Seja o objeto de sua fé verdadeiro ou falso, você obterá os mesmos resultados". Assim sendo, quer você creia no poder curativo de certas relíquias ou da água de certa fonte, os resultados virão, por causa da poderosa sugestão gravada no subconsciente. Este é que produz a cura.

O curandeiro, com suas feitiçarias, também cura pela fé.

Qualquer método que tire de você o medo e a preocupação, levando-o ao terreno da convicção e da esperança, terá resultados benéficos. A verdadeira cura científica pela mente é obtida com a função combinada do consciente e subconsciente, cientificamente dirigidos.

O homem que nega a úlcera que tem na mão, que nega mesmo seu corpo e diz que tudo quanto é visível e tangível não tem existência real, pode ser curado, embora isso pareça absurdo. E surge a pergunta: "Como se cura um homem que protesta contra o que lhe parece um insulto à sua inteligência?" A razão é óbvia, quando se sabe como funciona a mente.

Pede-se ao homem que relaxe sua mente e seu corpo, até entrar num estado receptivo de calma e passividade, em que seus sentidos objetivos estão parcialmente suspensos, quase alheios. É um estado de sonolência que torna o subconsciente inteiramente receptivo à sugestão. Nessa ocasião, o médico sugere com belas palavras a saúde perfeita, cuja idéia se grava no subconsciente. Dessa forma, o cliente incrédulo encontra grande alívio e eventualmente a cura completa. O trabalho do médico não é destruído pela auto-sugestão antagônica do paciente, nem por sua incredulidade objetiva no poder curativo ou na veracidade da teoria. No estado de torpor, de sonolência, em que o tratamento é feito, a resistência da mente objetiva é reduzida a um mínimo e, por conseguinte, os resultados se fazem sentir.

Muitos julgam que, uma vez que sua teoria particular produz resultados, ela é a certa, a verdadeira. Isso, como já foi explicado neste mesmo capítulo, não pode ser tido como correto. Todos sabemos que existem muitos tipos de cura, como a de Mesmer e outros, que alegavam emitir certos fluidos magnéticos. Isso era contestado por alguns que, dizendo ser tudo bobagem, atribuíam as curas à sugestão.

Todos esses grupos, sejam de psiquiatras, psicólogos, osteopatas, quiropráticos, médicos ou membros de crenças religiosas em geral, utilizam o único poder curativo universal, que reside no subconsciente. Cada um pode proclamar que as curas são resultado de sua teoria, mas o processo de toda cura é uma atitude mental definida, positiva; é uma certeza íntima, uma forma de pensamento chamada "convicção". A cura é devida a uma esperança confiante que age como sugestão poderosa ao subconsciente e libera sua força curativa.

Um homem não se cura por força diferente da que curou seu vizinho, embora seja certo que eles sigam teorias e métodos diferentes. Existe um só processo curativo, que é a convicção, e uma só força curativa, que é o subconsciente.

(In: *Os Milagres de sua Mente,* Dr. Joseph Murphy, Forense, Rio de Janeiro, 1971.)

BLAISE PASCAL - Filósofo, matemático e físico francês. Com suas teorias filosóficas de impacto, entrou em conflito com a poderosa Ordem dos Jesuítas, no século XVII. Escreveu várias obras e entre elas a mais popular é *Os Pensamentos*. Construiu a máquina aritmética e deixou vários trabalhos sobre geometria e aritmética. (1625 -1662).

"A força, e não a opinião, é a rainha do mundo, mas é a opinião que usa a força."

"A fé é telúrica, essencial"

Carlos Heitor Cony

"A Fé" foi o tema da 19ª edição da série "Diálogos Impertinentes", realizado no dia 24 de junho, no teatro de arena da PUC.

O evento contou com a participação de Carlos Heitor Cony, membro do conselho Editorial da Folha, e do pubicitário Mauro Sales, além dos mediadores Nelson Ascher, articulista da Folha, e Mário Sérgio Cortela, professor do departamento de teologia e ciências da religião da PUC-SP.

"Diálogos Impertinentes" é uma série promovida pela Folha, Pontifícia Universidade Católica de São Paulo (PUC) e pelo Serviço Social do Comércio (Sesc).

A série, que ocorre toda última terça-feira do mês, é transmitida ao vivo pela TV PUC (canal 20 da Net São Paulo).

Durante o debate, Cony, ex-seminarista e ateu confesso, disse que entrou para o seminário não por fé, mas por "esperteza". "Talvez eu ainda não tenha a humildade suficiente para aceitar Deus. Eu achava que no seminário estava entre os bons, puros."

* * *

"Eu não vejo a fé como uma questão de tolice, nem como uma questão de força. A fé é uma coisa essencial, telúrica do homem. Há uns quatro anos, tive um problema de saúde e me aconselharam a falar com um amigo meu de seminário que hoje é bispo.

Ele sabe que sou ateu e me disse uma frase que me impressionou muito: 'Nós temos necessidade da fé porque existe alguma coisa'. Eu falei: 'Não, até aí você está propondo a coisa pela prova, não é argumento'. Ele disse assim: 'O homem tem sede porque tem muita água. Se o universo não tivesse tanta água o homem não teria sede. Então, existe sede porque existe muita água, o que levaria à idéia de que essa sede que a gente tem do infinito, da espiritualidade, da eternidade, de um ser superior que nos guia e rege é uma tendência quase fisiológica do homem, ou melhor, se o corpo tem a sua fisiologia própria, que o obriga a ter sede e fome, o espírito que vivifica a matéria teria essa necessidade de água, que seria, no caso, Deus'.

Eu respondi o contrário: 'Existe muita água, por isso tem fé. Poderia inverter os termos'. É uma questão muito ampla. Não se chega nunca, não se chegará nunca a um resultado. Há uma tendência hoje de, por meio da ciência, querer justificar a fé. Não que a ciência vá provar a fé — isso jamais fará — mas admitem que a ciência será complementar à fé. Eu não acredito nisso."

(In: *Folha de S. Paulo* , domingo, 27 de julho de 1997.)

FRIEDRICH NIETZSCHE - Escritor e filósofo, nascido no vilarejo de Rocken, na Prússia. É um dos grandes filósofos do século XIX. Deixou um vasto legado em filosofia e causou perplexidade quando declarou a "morte de Deus" em uma de suas obras. Sua mais conhecida obra é *Assim falava Zaraustra*. (1844 - 1900).

"A vida é um instinto de crescimento para a sobrevivência, para a acumulação de força, para o poder."

Donde vêm os bens da vida? Contacto com a fonte

Huberto Rohden

Donde vem a água que sai da minha torneira? Vem do encanamento.

É verdade? Não vem da fonte?...

Koestlers, no seu livro *Entre Gandhi e Nehru,* conta do espanto de certos indianos primitivos das montanhas quando, em casa de um missionário americano, viram "sair água da parede". Eles, os nativos, só conheciam água a sair da terra, no meio das montanhas ou das florestas. E agora, como é que água sai duma parede seca?

É o caso de todos os profanos inexperientes: enxergam o trecho final do conduto; nada sabem do trecho inicial, de alguma nascente distante, que nunca viram. Os nativos indianos não viam a parte do encanamento dentro da casa, nem viam a parte que, antes de entrar na parede da casa, passava pelo solo, ligando-se a uma fonte, distante talvez daí a 100 Km.

O homem profano sabe que o pão vem do cereal e de outros produtos da terra; sabe que esse cereal tem de ser plantado num solo fértil. Mas o que há para além do cereal e do solo? Será que nesses fatores visíveis e imediatos está a primeira origem do pão?

O homem comum nada enxerga para além do imediatismo do trecho final dos canais da sua humana previdência; a sua visão é curta, míope; nada percebe da Fonte Primária, da origem longínqua das coisas. Também não sabe que essa Fonte Primária é inesgotável e pode mesmo funcionar sem nenhum canal visível. Uma nascente no meio das montanhas flui há centenas de séculos e milênios, sem nenhum encanamento. Este serve apenas para dar determinada direção às águas, mas não lhes dá origem. Canal é continuação, fonte é início.

A Fonte é *criativa* — o canal é apenas *produtivo*, ou *condutivo*.

A descoberta mais estupenda que o homem pode fazer, aqui na terra ou alhures, é a de verificar que os bens da vida diária não vêm do seu trabalho inteligente, embora este lhes sirva, geralmente, de canal ou condutor. Quando o homem descobre que todos os bens da vida material têm a sua origem primária e fundamental numa Fonte imaterial, invisível, então de profano passa ele a ser um iniciado, porque descobriu o "início" de todas as coisas "continuadas". Outrora, essas continuações sucessivas, conhecidas do velho ego, eram para ele o suposto início; o homem-ego, graças à sua miopia, era um "continuísta", e não um "iniciante"; confundia a longa série das continuações derivadas com o único início original; toda a sua erudita ignorância era uma colcha de retalhos feita de farrapos de continuísmo, de fragmentos de canais. Não conhecia "início", só conhecia "continuação" ou "continuativa". O homem-ego tira os seus recursos de cada dia da natureza material ao alcance dos seus sentidos e do seu intelecto, mediante certas manipulações agrícolas e industriais — quando não tira esses recursos das mãos de seus semelhantes, tranferindo-os da posse alheia para a posse própria. Em última análise, todo esse processo de tranferência de bens, da posse de A para a posse de B ou de C, é uma espécie de latrocínio; mas, como a lei positiva dos homens civilizados legalizou certos tipos de desapropriação, a nossa sociedade considera "legítima propriedade" certos latrocínios praticados dentro da lei; estes são considerados "honestos", ao passo que outros latrocínios, não legalizados, são tachados de "desonestos".

A única forma de apropriação de bens realmente honesta é a sua *criação*, a sua *edução* do seio da Fonte Primária, da alma do Cosmos, das profundezas da Divindade, do Infinito, do Absoluto.

Mas, enquanto o homem não adquirir consciência da onipresença do Infinito em todos os Finitos, não pode ele realizar esse ato criador, esse haurimento imediato dos bens da vida de dentro do seio do mundo invisível.

Quem nada sabe da Fonte longínqua tem de recorrer aos canais propínquos.

Saber é *poder*.

Não-saber é *não-poder*.

Quem não sabe que o Infinito está presente no Finito, não pode utilizar, eduzindo o visível de dentro do invisível, criando coisas materiais das profundezas da realidade imaterial.

O saber, a sapiência, a consciência — "o Pai que está em mim" — me diz que a Fonte de todas as coisas está em mim, embora ainda "tesouro oculto"; e quando esse fato objetivo é vivido subjetivamente, em plena consciência, então essa vivência íntima faculta ao homem o poder de tirar de dentro dessa Fonte Infinita, desse "Pai em mim", todos os recursos da vida cotidiana.

Enquanto o homem não realizou esse contacto consciente com a Fonte Infinita dentro dele, tem ele de tirar as coisas necessárias do mundo de fora, tem de "ganhar o seu pão no suor do seu rosto".

A ignorância produz trabalho forçado, doloroso.

A sapiência convida a um trabalho espontâneo, gozoso.

A ignorância da presença do Infinito em mim : Tu deves!

A sapiência dessa presença diz: Eu quero!

"Tu deves" é escravidão — "eu quero" é libertação.

O Cristo foi escravo de trabalho forçado; nunca teve dinheiro, nem emprego; nunca adquiriu um lote de terra; nunca construiu uma casa para si; nunca se preocupou com a subsistência material — e, no entanto, nunca foi mendigo nem andou de tanga; no Calvário, os soldados romanos repartiram entre si as vestimentas do cricificado, e lançaram sorte sobre a preciosa túnica inconsútil.

Mahatma Gandhi libertou centenas de milhões de hindus, canalizando as águas vivas da Providência Divina pelos canais da previdência humana, mas não caiu jamais no erro funesto de querer tirar os recursos de dentro dos canais humanos, dispensando a Fonte Divina.

A miopia da inteligência do ego só enxerga previdências humanas.

A largueza da sapiência do Eu sabe da Providência Divina e, embora se sirva muitas vezes das previdências humanas, em hipótese alguma as onsidera como Fonte Primária e suficiente. No homem sábio a "inteligência da serpente" está sempre integrada na "simplicidade da pomba".

Esta atitude é conhecida pelo nome de "fé", fórmula vernácula da palavra latina *fides*, que é o radical de "fidelidade".

Fé é, pois, fidelidade, harmonia, sintonização.

Quando o homem sintoniza o seu pequeno ego finito com o seu grande Eu Infinito, então tem fé, *fides*, fidelidade — e então tudo lhe é possível, e nada lhe é impossível, porque então a onipotência da Fonte flui livremente através da potência dos canais; e a vacuidade destes é plenificada pela plenitude daquela.

O mundo inteiro é um sistema genial de matemática de precisão: tudo funciona em virtude de leis imutáveis, rigorosamente exatas e infalíveis.

O homem sapiente conhece intuitivamente essa *matemática cósmica*; esse homem, lá da excelsa atalaia da sua centralidade, tem uma visão cosmorâmica do Universo em derredor; a sua visão *unitária* (Uno) lhe revela com segurança todos os mistérios *diversitários* (Verso). O homem sapiente conhece a lei que rege esse maravilhoso Universo e, como ele atingiu o *Uno*, sabe de antemão como funcionam os (di)*Versos*.

O homem sapiente é discípulo do Uni-verso — ele é o autêntico *Uni-versitário*.

Quando ele quer debelar um mal qualquer — pecado ou doença — evoca o centro do bem — santidade e sanidade — que está no homem e no cosmos. Portanto, o homem e o cosmos são concêntricos, têm o mesmo centro. Por isso o homem plenamente *homificado* está plenamente *cosmificado*.

Assim consegue o homem sapiente libertação total, mediante o conhecimento intuitivo da Verdade.

(In: *Roteiro Cósmico* Huberto Rohden, Editora Martin Claret, São Paulo, 1997.)

Você está diante de um muro? Supere-o com uma nova metáfora!

"Estou no fim da linha."
"Não consigo passar pelo muro."
"Minha cabeça está prestes a explodir."
"Estou numa encruzilhada."
"Estou perdido."
"Estou num beco sem saída."
"Estou carregando o mundo nos ombros."
"Minha fé é menor que um grão de mostarda."

O que todas estas declarações têm em comum? São *metáforas*. E o que é uma metáfora? Sempre que a significação natural de uma palavra é substituída por outra, em virtude de relação de semelhança subentendida, está-se criando uma metáfora. As metáforas são como símbolos: uma maneira rápida de dizer muita coisa. As pessoas usam metáforas durante todo o tempo para descrever como se sentem em relação às coisas.

"A vida é uma luta" e "a vida é uma festa" são duas metáforas e duas maneiras muito diferentes de encarar o mundo. O que acontece com pensar que a vida é uma luta? Se você descreve a vida assim, provavelmente acredita que as pessoas estão sempre lutando umas contra as outras.

Mas se você diz que a vida é uma festa, pode acreditar que as pessoas são capazes de se divertir juntas! E de se aperfeiçoar!

"A vida é um jogo."

Anthony Robbins

A fé e o poder da oração

Lauro Trevisan

Disse Jesus: "Tudo o que pedirdes com fé, na oração, alcançá-lo-eis". (Mt. 21,12-17).

Aí está: tudo o que pedirdes com fé, na oração. A oração feita com fé é infalível.

A realização da sua prece está na proporção direta do tamanho da sua fé.

A fé é a força todo-poderosa da oração.

No meu livro *Os Poderes de Jesus Cristo*, escrevi: "Com certeza, pode-se dizer que a descoberta mais impressionante que Jesus transmitiu à humanidade foi a lei todo-poderosa da fé.

No campo da energia — a fé é uma força mais poderosa que as energias nucleares já descobertas.

No campo do poder — religião alguma descobriu poder maior que a fé.

No campo da saúde — jamais a medicina inventou um método de cura mais poderoso e instantâneo que a fé.

A fé tudo pode.

A fé remove montanhas.

A fé torna possível o impossível."

Está tudo dito.

A lei da fé se concilia com a lei infalível da oração.

Toda oração firmada na fé se realiza.

Toda fé é uma oração infalível.

Certa vez, o Mestre afirmou: "Crede firmemente que recebereis tudo quanto pedirdes na oração — e vos será dado". (Mc. 11, 26).

Toda oração firmemente acreditada produz a realidade. Esta é a lei.

Os dois ingredientes essenciais necessários para você alcançar tudo o que deseja são: orar e acreditar.

Oração sem fé é oração sem força; é papo-furado.

Oração com fé é todo-poderosa, infalível, realizadora.

(In: *O Poder Infinito da Oração,* Lauro Trevisan, Editora e Distribuidora da Mente, Santa Maria, RS, 1988.)

EMERSON (Ralph Valdo) - Ensaísta, conferencista, filósofo e poeta norte-americano, nascido na cidade de Boston. Estudou em Harvard, com a expectativa paterna de se tornar ministro religioso. Por algum tempo, Emerson exerceu a função de pastor em sua cidade Natal. Contudo, uma divergência doutrinária fê-lo desistir e retirar-se da Igreja. Desenvolveu a filosofia transcendentalista, exposta em suas obras: *Natureza*, *Ensaios*, *Sociedade* e *Solidão*, entre outras. Segundo consta, o transcendentalismo exerceu grande influência sobre a vida intelectual norte-americana do século XIX. (1803 - 1882).

"O sucesso na vida depende unicamente de insistência e ação."

Entendemos tão pouco

Lenda judaica

Era uma vez dois irmãos que passaram a vida inteira na cidade e nunca haviam visto um campo ou um pasto. Decidiram-se, um dia, a fazer uma viagem para o interior. Enquanto caminhavam, observaram um fazendeiro arando a terra e ficaram intrigados com o que estava fazendo aquele homem.

E pensaram consigo mesmos: "Que tipo de comportamento é esse? Esse sujeito fica o dia inteiro marchando para frente e para trás, escavando sulcos profundos na terra. Por que alguém iria destruir uma campina tão bonita assim?"

À tardinha, tornaram a passar pelo mesmo local e viram o fazendeiro colocando as sementes nos regos.

Desta feita, pensaram: "O que estará fazendo? Deve ser louco. Está jogando trigo bom dentro desses valões!"

— O campo não é lugar para mim. As pessoas agem como se fossem malucas. Vou voltar para casa — disse um dos irmãos. E retornou para a cidade.

Mas o outro ficou e poucas semanas depois verificou uma mudança maravilhosa. Os pés de trigo começaram a brotar, recobrindo os campos com um verdor que nunca fora capaz de imaginar. Tratou de escrever para o irmão a fim de que viesse ver aquele crescimento milagroso.

E o irmão voltou da cidade, ficando maravilhado também com as mudanças. Passados alguns dias, o verde dos brotos foi dando lugar ao dourado dos trigais. Só então compreenderam a razão do trabalho do fazendeiro.

O trigo amadureceu completamente e o fazendeiro trouxe a foice e começou a ceifá-lo. O irmão que havia retornado à cidade não acreditou.

— O que estará esse imbecil fazendo agora? Trabalhou o verão inteiro para cultivar esse lindo trigal e agora o está destruindo com as próprias mãos! Não passa mesmo de um doido varrido! Para mim, já chega. Vou voltar para a cidade.

Mas o outro tinha mais paciência. Ficou no campo e assistiu ao trabalho de colheita, quando o fazendeiro levou o trigo para o celeiro. Observou o esmero com que ele separou o joio e o cuidado ao armazenar o resto. E ficou estupefato ao constatar que a semeadura de um saco de trigo permitiu a colheita de todo um trigal. Só então compreendeu que havia uma razão por trás de cada ato do fazendeiro.

E percebeu:

— É assim que são as coisas, com os trabalhos divinos. Nós, mortais, enxergamos apenas o início do plano de Deus. Não somos capazes de compreender todo o propósito e objetivo final de Sua criação. Portanto, precisamos ter fé em Sua sabedoria.

(In: *O Livro das Virtudes*, Vol. I, William J. Bennett, Editora Nova Fronteira, Rio de Janeiro, 1995.)

ALBERT EINSTEIN - Cientista, filósofo e humanista, nascido em Ulm, no sul da Alemanha. Considerado um dos grandes gênios do século XX. Em 1915 apresentou a revolucionária descoberta da Teoria Geral da Relatividade. Em 1921 recebeu o prêmio Nobel de Física. Escreveu vários livros sobre ciência e filosofia. Viveu em Princeton (USA), onde foi professor. (1879 - 1955).

"A ciência sem religião é claudicante; a religião sem ciência é cega."

Como empregar a fé na cura

Norman Vincent Peale

Constitui a fé religiosa um fator na cura? Provas importantes demonstram que sim. Houve um tempo, em minha própria experiência, em que não estava convencido desse ponto. Mas agora estou plenamente convicto dessa verdade. Tenho visto um sem-número de provas para que fosse crer diferentemente.

Estamos aprendendo que a fé, propriamente compreendida e aplicada, constitui fator poderoso para debelar uma doença e restaurar a saúde.

Muitos médicos compartilham de minha convicção nessa importante questão. Os jornais publicaram pormenores da visita que o famoso cirurgião vienense, dr. Hans Finsterer, fez aos Estados Unidos. Cito um trecho que se publicou, sob o título: "Ilustre Cirurgião Guiado por Deus".

"O médico vienense, dr. Hans Finsterer, que crê que a mão invisível de Deus auxilia a levar a bom termo uma operação, foi escolhido pelo Colégio Internacional de Cirurgiões para receber a mais alta honra que se poderia conferir, o título de 'mestre de cirurgia'. Ele foi citado pelos seus trabalhos de cirurgia no abdômen, apenas com o uso de anestesia local.

Finsterer, que conta 72 anos de idade, é professor da Universidade de Viena; executou mais de 20 mil operações importantes, entre as quais 8 mil recessões gástricas (remoção de uma parte do estômago ou de todo ele), usando apenas anestesia local. Finsterer declarou que, embora tenha havido considerável progresso na medicina e cirurgia nos últimos anos, 'tais adiantamentos não são suficientes para assegurar um resultado feliz em todas as operações'. Em muitos casos, disse ele, os pacientes morriam quando submetidos a intervenções que pareciam muito simples e, em outros, salvavam-se mesmo quando os médicos julgavam as intervenções melindrosíssimas.

Alguns de nossos colegas atribuem tais ocorrências a fatores imprevisíveis, ao passo que outros estão convencidos de que, nos casos difíceis, seu trabalho foi auxiliado pela mão invisível de Deus. Infelizmente, nos últimos anos, muitos pacientes e médicos têm perdido a convicção de que todas as coisas dependem da Providência Divina.

Quando estivermos novamente convencidos da importância do auxílio de Deus em nossas atividades, e especialmente no tratamento de nossos pacientes, teremos então alcançado verdadeiro progresso para restaurar-lhes a saúde".

Assim termina a declaração de um grande cirurgião que une a ciência à fé.

Fiz uma conferência por ocasião da convenção nacional dos principais elementos de uma importante indústria, que se notabilizou com os seus empreendimentos, empreendimentos estes que constituem um fator na vida comercial norte-americana.

Fiquei algo surpreso quando um dos chefes dessa organização, na hora em que se realizava o almoço e se discutia sobre impostos, custos elevados e problemas comerciais, virou-se para mim e perguntou se eu acreditava que uma pessoa se pudesse curar pela fé.

— Há muitos casos autênticos, aliás, registrados, de pessoas que se curaram pela fé, respondi. Naturalmente não creio que devamos depender única e exclusivamente da fé para curar um mal físico. Creio na combinação de Deus e do médico. Esse ponto de vista atende à ciência médica e à ciência da fé. Ambas constituem elementos do processo de cura.

— Vou contar-lhe minha história, continuou o meu interlocutor. Há uns anos atrás tive uma doença que os médicos diagnosticaram como sendo osteoma do maxilar, isto é, um tumor constituído de tecido ósseo no maxilar. Disseram-me que era praticamente incurável. O senhor poderá avaliar o tormento por que passei. Sentia-me desesperado. Conquanto freqüentasse regularmente a igreja, não era um homem religioso na verdadeira acepção da palavra. Quase nunca lia a Bíblia. Mas um dia, estava deitado e ocorreu-me a idéia de lê-la. Pedi à minha mulher que me trouxesse uma. Ela ficou admirada, pois nunca lhe fizera um pedido dessa natureza.

Comecei a lê-la e encontrei consolo e conforto. Senti-me também um pouco mais esperançado. Continuei a lê-la todos os dias durante um período de tempo maior. Principiei a notar que o meu mal se ia tornando menos pronunciado. A princípio pensei que fosse imaginação, mas depois me convenci de que se estava processando uma mudança em mim.

Um dia, quando lia a Bíblia, tive uma estranha

sensação de calor e de grande felicidade. É difícil descrevê-la. Jamais pude explicá-la. Daquele tempo em diante as minhas melhoras foram se tornando mais rápidas. Procurei novamente os médicos que tinham feito o primeiro diagnóstico. Eles me examinaram minuciosamente. Mostraram-se evidentemente surpresos e concordaram que meu estado havia melhorado, mas preveniram-me de que se tratava apenas de uma trégua. Tempos depois, em novos exames, declaram que os sintomas do osteoma haviam desaparecido completamente. Mesmo assim, os médicos me advertiram de que, possivelmente, o mal poderia ressurgir. Isso não me inquietou, pois, no íntimo, eu sabia que estava curado.

— Quanto tempo faz que se sente curado? indaguei.

— Catorze anos, respondeu ele.

Estudei aquele homem. Forte, robusto e sadio, é uma das figuras preeminentes na sua indústria. Ele me contou esse incidente com a naturalidade própria de um negociante. Não havia a mais leve indicação de que pairasse qualquer dúvida em seu espírito. Realmente, como poderia haver, pois não se vira condenado a morrer daquele mal e não se achava, no entanto, ali, vivo e vigoroso?

Que é que tinha feito aquilo? O trabalho hábil do médico, e algo mais! E que foi esse algo mais? Evidentemente, a fé.

A cura descrita por esse cavalheiro é apenas um dos muitos casos similares. São tantos os casos que médicos competentes têm atestado, que devemos encorajar as pessoas a fazerem uso maior desse extraordinário poder da fé. É contristador que se tenha negligenciado esse elemento na cura. Tenho certeza de que a fé pode realmente operar "milagres", os quais, na verdade, verificam-se em função de leis espiritualmente científicas.

(In: *O Poder do Pensamento Positivo*, Norman Vincent Peale, Editora Cultrix, São Paulo, 1984.)

Oração a Nossa Senhora de Fátima

Ó Rainha de Fátima, nesta hora de tantos perigos para as nações cristãs, afastai delas o flagelo do ateísmo.

Não permitais que consiga instaurar-se, em tantos países nascidos e formados sob o influxo sagrado da civilização cristã, o ateísmo, que nega todos os Mandamentos da Lei de Deus.

Para isto, ó Senhora, conservai vivo e aumentai o repúdio que o ateísmo encontrou em todas as camadas sociais dos povos do Ocidente cristão.

(...) Fazei que, tolhendo resolutamente os passos à infiltração da descrença, todos os povos do Ocidente cristão possam contribuir para que se aproxime o dia da gloriosa vitória que predissestes em Fátima, com estas palavras tão cheias de esperança e doçura:

"Por fim, o meu imaculado coração triunfará".

(Com aprovação eclesiástica)

Para a fé nada é impossível

Dr. Georges Ohsawa

Toda a filosofia do Oriente consiste em ensinar a constituição do Universo Infinito, chamado Reino dos Céus, e designado também pelos nomes de Jainismo, Budismo, Hinduísmo, Judaísmo, Cristianismo, Islamismo, Taoísmo, Shintoísmo etc. A comum e única finalidade destas religiões é ensinar os homens a ganhar, por si e para si, a felicidade, a liberdade e a saúde.

O princípio destas religiões é dialético, paradoxal e difícil, porém simplifiquei-o de tal maneira, que ele pode ser compreendido e aplicado em todas as circunstâncias. A constituição do universo e a concepção do mundo e da vida são transportados ao plano biológico. Todas as religiões insistem sobre a importância de uma alimentação correta. Uma das mais antigas coleções de leis, a de MANU, indica-nos igualmente este meio de conquistar a felicidade e a paz. Também quase todas as religiões têm regras estritas, no domínio alimentar. Sem observar estas regras, é impossível desenvolver o discernimento supremo e, por conseguinte, seguir uma religião. Isto parece ser ignorado pelo clero do Ocidente.

No Budismo e, em particular, no Zen-Budismo,

as regras dietéticas são severas. No Ocidente publicam-se hoje numerosas obras sobre o Zen-Budismo e a filosofia hindu, porém nenhuma delas dá explicação completa sobre a importância e a superioridade deste princípio. É por isso que a filosofia do Vedanta, do Taoísmo, do Budismo etc., não pode ser bem compreendida no Ocidente. Além disso, se todas as religiões perderam a sua autoridade, é por causa da negligência ou da ignorância destas idéias fundamentais. Por esta razão, a paz, a liberdade, a saúde e a felicidade estão desaparecendo do mundo.

Jesus disse (Mateus, cap. 17, versículos 20 e 21): "Se tiverdes fé do tamanho de uma semente de mostarda, direis a este montanha: 'Remove-te daqui! ', e ela se removerá, e nada vos será impossível". Sim, se tiverdes fé, nada vos será impossível, e se qualquer coisa vos é impossível, isso quer dizer que não tendes a fé "do tamanho de um grão de mostarda". Os crimes, as guerras, a pobreza, a má-vontade, as "doenças incuráveis", são todas elas devidas à falta de fé. A felicidade e a infelicidade dependem da nossa conduta, que é ditada pelo nosso discernimento.

Qual a relação entre o discernimento e a fé? A fé é o juiz; o discernimento é o juízo que falha e que não tem fé. A fé é o juízo infinito, então podeis tê-la se não tiverdes presente no espírito a ordem majestosa do universo. Se tiverdes confiança apenas nos instrumentos dos homens, tais como as leis, o poderio, o conhecimento, a ciência, o dinheiro, as drogas e os remédios, não tendes senão fé no relativo e não no infinito. Todo juízo relativo é transitório e sem valor. Antes de mais nada, devemos aplicar-nos a considerar a ordem eterna do universo...

Sentir-me-ei muito feliz se puderdes utilizar

este livro como passaporte para o País da Felicidade, mesmo que seja somente por 10 dias. Se quiserdes sentir-vos felizes, livres e cheios de vigor seguindo estas regras de cinqüenta séculos, podeis entrar em contato comigo em qualquer época e em qualquer lugar. Responderei ao telefone com esta senha: "Fé".

No Reino da Vida, cada qual deve aprender tudo por si próprio. Não existe, para isso, nem escola especial, nem universidade; o universo é que é a escola eterna. Não há mestres, porque cada um deve aprender com tudo e com todo o mundo, dia e noite, sobretudo com um inimigo forte e cruel; sem lutar, tornamo-nos preguiçosos, fracos e estúpidos.

Este guia para uma maneira de viver é mais do que suficiente nesta Grande Escola. Eu nunca escrevi um livro que responda a tantas perguntas, embora tenha escrito mais de 300 em japonês. No Oriente, o mestre formula perguntas, porém não lhes dá resposta, fortificando desse modo o discernimento dos alunos.

Na Grande Escola da Felicidade e da Liberdade, o único ensino é a prática; a teoria não é senão um produto do pensamento.

Devemos aspirar à liberdade infinita

Sendo o homem superior aos animais, deveria poder curar-se melhor do que qualquer animal. Um homem que não pode curar-se e que não pode encontrar a sua própria liberdade, a sua própria felicidade e a sua justiça, por si próprio, senão com a ajuda de outrem e com instrumentos fabricados, é criado para ser explorado e devorado pelos outros, para alimentar os vermes e os micróbios. Não tem necessidade de ir para o Inferno após a morte, pois já está nele em vida.

Todos nascemos felizes. Se alguém não o é, a culpa é sua; é porque violou e continua violando as leis do universo. Se desejardes viver uma vida feliz, interessante, alegre e longa, tereis de desenvolver a vossa inteligência e o vosso discernimento pelo consumo de alimentos naturais, de acordo com os preceitos de todos os homens livres, conforme indicam os livros sagrados: a *Bíblia*, o *Cânone do Imperador Amarelo*; o *I Ching*, o *Tao te Ching*, o *Baghavad Gita*, o *Charak Samhita* etc.

Eis aqui outro teste de felicidade: se existir neste mundo uma só pessoa ou uma só coisa que não puderdes amar, não sereis jamais feliz e, se não sois feliz, é porque sois doente de corpo ou de espírito. Se sois doente, é necessário que vos cureis por vós mesmos; se forem os outros a vos curar, a vossa cura será incompleta, porque perdereis a vossa independência e a vossa liberdade.

A vossa felicidade e a vossa liberdade devem ser 100% vossas. A saúde e a felicidade que vêm dos outros criam-vos uma dívida que é necessário pagar, cedo ou tarde. Aqueles que se contentarem com um simples "obrigado!", ou mesmo um "muito obrigado!", são mentalmente doentes até o seu último suspiro, porque sua vida é uma longa série de dívidas.

Com efeito, vós não podereis reembolsar tudo o que deveis nesta vida, porque não tendes senão aquilo que deveis, mas libertar-vos-eis se distribuirdes a alegria e o reconhecimento ao redor de vós. Mostrareis assim a vossa real compreensão da ordem do universo e da sua justiça. A terra devolve 10 mil grãos por um só: "um por 10 mil" é a lei deste mundo, e todo aquele que a violar não poderá viver feliz, pois ele se encontrará preso nessa prisão invisível denominada doença, miséria, dificuldades.

Cada um de nós deve ser seu próprio médico

A medicina macrobiótica, extremamente simples e econômica, prepara a gente para uma longa vida. Pode ser aplicada em qualquer ocasião, em qualquer lugar e em qualquer idade. É mais educativa do que curativa e repousa inteiramente na nossa inteligência e na nossa vontade. Estudareis o caminho que leva ao SATORI, à realização de si próprio, à liberdade. Mas, não o esqueçais, é um caminho que vós mesmos devereis percorrer.

A arte do rejuvenescimento e da longevidade é pragmática, isto é, baseia-se na experiência e em particular naquela que será vossa, ou sobre aquela que vos aconselho adquirir.

(In: *Macrobiótica Zen*, dr. Georges Ohsawa, Editora Germinal, Rio de Janeiro, 1965.)

ALBERT SCHWEITZER - Filósofo, escritor, teólogo, musicólogo, conferencista, organista, médico e missionário, nascido em Kaysersberg, na Alsácia Superior Francesa. Foi considerado "o maior homem vivo" pelo cientista Albert Einstein e pela revista *Time*. Em 1952 recebeu o prêmio Nobel da Paz. É mais conhecido como missionário; por mais de 50 anos cuidou dos doentes negros em Lambarene, na África Equatorial Francesa. Entre suas obras destacam-se: *Filosofia da Cultura I* e *II* e *Jean Sebastian Bach, le musicien poéte*. (1875 - 1965).

"O exemplo não é a principal coisa na vida: é a única coisa."

Depoimento do discípulo Tomé sobre os antepassados e suas dúvidas

Gibran Khalil Gibran

Meu avô, que era advogado, disse, certa vez: "Aceitemos verdade, mas somente quando a verdade se tornar manifesta".

Quando Jesus me chamou, eu atendi, pois Sua ordem era mais potente do que minha vontade; contudo, guardei meu juízo.

Quando Ele falava e os outros eram vergados como ramos ao vento, eu escutava imóvel. Contudo, eu O amava.

Há três anos, Ele nos deixou, um grupo disperso, para cantarmos Seu nome e sermos Seu testemunho junto às nações.

Naquele tempo, eu era chamado Tomé, o Desconfiado. A sombra do meu avô estava ainda sobre mim, e eu sempre queria ver a verdade manifesta.

Eu poria até a mão sobre minha própria ferida para sentir o sangue, antes de acreditar em minha dor.

Ora, um homem que ama com seu coração e, entretanto, guarda uma dúvida em seu espírito, não passa de um escravo nas galés, que adormece ao seu remo e sonha com a liberdade, até que a chicotada do capataz o desperte.

Eu próprio fui esse escravo, e sonhei com a liberdade, mas o sono do meu avô estava sobre mim. Minha carne necessitava do chicote do meu próprio dia.

Mesmo na presença do Nazareno, eu fechara os olhos para ver minhas mãos acorrentadas ao remo.

A dúvida é uma dor solitária demais para saber que a fé é sua irmã gêmea.

A dúvida é uma criança infeliz e extraviada; e embora sua própria mãe, que lhe deu nascimento, a encontre e a envolva, ela se retrai por desconfiança e por medo.

Pois a dúvida não conhecerá a verdade até que suas feridas sejam tratadas e curadas.

Duvidei de Jesus até que Ele se fez manifesto a mim e meteu minha mão em suas próprias feridas.

Então, realmente acreditei; e fiquei liberto de meu ontem e dos ontens dos meus antepassados.

O morto em mim enterrou seus mortos; e o vivo viverá para o Rei Ungido, esse que era o Filho do Homem.

Disseram-me ontem que devo partir, e proclamar Seu nome entre os persas e os hindus.

Irei. E deste dia até meu último dia, à aurora e à noite, verei meu Senhor levantar-se em Sua majestade e ouvi-Lo-ei falar.

(In: *Jesus, o Filho do Homem*, Gibran Khalil Gibran, Editora Civilização Brasileira, Rio de Janeiro, 1965.)

HUBERTO ROHDEN - Filósofo e educador brasileiro. Nasceu na cidade catarinense de Tubarão. Escreveu cerca de 50 obras sobre religião, ciência e filosofia. Em Princeton, conheceu Einstein, quando lançou os alicerces para o movimento mundial da Filosofia Univérsica. É biógrafo de Einstein, Pascal, Gandhi, Jesus de Nazaré, Paulo de Tarso entre outros. Seu livro mais conhecido é *De Alma para Alma*. (1893 - 1981).

"A fé é o caminho para todas as grandezas. A falta de fé é caminho aberto para todas as falências."

Tendo "fé"

Shad Helmstetter

Ter "fé" não é um acaso. Nós a temos quando a exigimos de nós mesmos. Podemos precisar dela, praticá-la e rezar pedindo mais, mas depende de nós, ao menos, *ajudar* a criá-la. Livros, sermões, conferências e teses foram escritos inteiramente sobre o tema da fé. Sem *fé,* fraquejamos, e nossos sucessos são menores, de alguma forma, e nossas vitórias sem sabor. Com *fé* nossas mentes prosperam e também as palavras seguintes.

Jamais conheci um grande homem, o melhor indivíduo, que não atribuísse sua realização, ao menos em parte, a essa força indefinível que se chama "fé". Esta força não pode ser comprada em uma loja ou medida em um laboratório. Contudo, os *resultados* de "ter fé" podem ser avaliados em tudo o que fazemos.

Ter fé nos permite *confiar* em nós mesmos, crer nos nossos ideais mais elevados, nos nossos sonhos, em tudo que fazemos e no melhor das pessoas que nos cercam.

Se eu tivesse que resumir em uma palavra uma combinação de confiança, crença, segurança, dependência, firmeza, esperança, convicção, certeza e expectativa — a palavra que une todas elas é "fé". Quando acrescentamos fé aos nossos sonhos, nós os alimentamos e eles se tornam realidade.

Antes eu pensava que ter "fé" era uma dádiva que poucas pessoas de sorte recebiam. Mas na verdade qualquer pessoa pode ter mais fé. Você pode fazer mais do que ouvir as palavras de sabedoria de alguém de sua igreja ou de qualquer outra pessoa que lhe diz para "ter fé". Elas lhe dão um bom conselho. Mas há uma coisa que *você pode* fazer a respeito: quanto mais fé você *exige* de seu ego, mais fé terá.

Vá em frente! Tenha mais fé. Não importa onde está, onde esteve ou quem é agora, a fé lhe dará mais energia espiritual (e fisiológica), que é parte de todo objetivo importante que você tem.

Fale com seu ego. Dê *fé* a si mesmo. Não desista, insista! Exija-a! Pratique-a! Depois observe os resultados que a fé cria.

• Tenho fé.

• A cada dia me torno mais forte em minha fé e no resultado do meu futuro.

• Minha fé vive em toda parte da minha vida. Está sempre presente e comigo, criando ainda mais força, confiança e segurança em mim mesmo.

• Sou consciente do papel que minha fé representa em minha vida — e sua importância para meu total bem-estar.

• Todos os dias dou a mim mesmo a direção consciente para receber, abertamente, a força espiritual que vem a mim.

• Nunca confio em ninguém para criar a fé para mim.

• Estou sempre ciente des conseqüências poderosas dos meus pensamentos, e do papel que representam na minha vida.

• Assumo total responsabilidade por meus pensamentos. Uso a capacidade da minha mente da melhor maneira possível.

• Dirijo os recursos do milagre da minha mente a fim de que trabalhem para o aperfeiçoamento de minha vida e da vida dos outros.

• Não permito que nenhum pensamento prejudicial permaneça em minha mente, em momento algum.

• Resolvi ter *apenas* aqueles pensamentos que aumentam minha fé e criam ainda mais crença vitoriosa em minha vida!

• A vida que levo é a expressão da minha fé. Vivo todos os dias para expressar essa fé de muitas maneiras maravilhosas.

• Todos os dias crio bem-estar e bondade em todo setor da minha vida.

• Minha fé é forte e nunca falha. Estou determinado a viver cada dia de uma maneira que cria ainda mais fé e entusiasmo em meu íntimo.

• Tenho fé.

(In: *Programação Neurolingüística*, Shad Helmstetter, Editora Record, Rio de Janeiro, 1994.)

A rã que tinha muita Fé

Era uma vez duas rãs que caíram num tacho de creme.

A primeira rã, ao ver que aquele líquido branco não dava pé, aceitou seu destino e se afogou.

A segunda rã não gostou da perspectiva. Ficou se debatendo no creme e fez o que pôde para ficar à tona. Passado algum tempo, aquela agitação toda fez o creme virar manteiga e ela conseguiu pular do tacho.

Moral: Se você sentir que pode encontrar uma segunda resposta certa, é muito provável que a descubra.

Jesus e o poder da fé

Segundo o Evangelho de Mateus

Um pagão tem fé

Ao entrar em Cafarnaum, chegou-se a ele um centurião, que lhe implorava e dizia: "Senhor, o meu criado está deitado em casa paralítico, sofrendo dores atrozes." Jesus lhe disse: "Eu irei curá-lo." Mas o centurião respondeu-lhe: "Senhor, não sou digno de receber-te sob o meu teto; basta que digas uma palavra e o meu criado ficará são. Com efeito, também eu estou debaixo de ordens e tenho soldados sob o meu comando e quando digo a um: 'Vai!', ele vai, e a outro: 'Vem!', ele vem; e quando digo ao meu servo: 'Faze isto', ele o faz." Ouvindo isto, Jesus ficou admirado e disse aos que o seguiam: "Em verdade vos digo que, em Israel, não achei ninguém que tivesse tal fé [i]. Mas eu vos digo

---

[i] Esta fé, que Jesus requer desde o princípio da sua atividade (Mc 1,15), e que ele continuará a requerer sempre, é um sentimento de confiança e de abandono pelo qual o homem desiste de contar com os seus próprios pensamentos e com as suas forças, para entregar-se à palavra e ao poder daquele em quem crê (Lc 1,20.45; Mt 21,25p.32). Jesus exige-a sobretu-

que *virão* muitos *do oriente e do ocidente* e se assentarão à mesa [j] no Reino dos Céus, com Abraão, Isaac e Jacó, enquanto os filhos do Reino [k] serão postos para fora, nas trevas, onde haverá choro e ranger de dentes [l]." Em seguida, disse ao centurião: "Vai, como creste, assim te seja feito!" Naquela mesma hora o criado ficou são.

---

do por ocasião dos seus milagres (8,13; 9,2p.22p.28-29;15,28; Mc 5,36p;10,52p; Lc 17,19), que são menos atos de misericórdia do que sinais da sua missão e do Reino (8,3+, cf. Jo 2,11+); assim, ele não pode realizá-los quando não encontra a fé que lhes pode dar o verdadeiro sentido (12,38-39; 13,58p; 16,1-4). Exigindo um sacrifício do espírito e de todo o ser, a fé é um gesto difícil de humildade (18,16p), que muitos se recusam a fazer, particularmente em Israel (8, 10p; 15,28; 27,42p; Lc 18,8), ou a fazem pela metade (Mc 9,24, Lc 8,13). Os próprios discípulos demoram a crer (8,26p; 14,31; 16,8; 17,20p), mesmo depois da Ressurreição (28,17; Mc 16,11-14; Lc 24,11.25.41). Até a fé mais sincera do seu chefe, a "Rocha" (16,16-18), será abalada pelo escândalo da Paixão (26,69-75p), mas triunfará dele (Lc 22,32). A fé, quando forte, opera maravilhas (17,20p; 21,21p; Mc 16,17), alcança tudo (21,22p; Mc 9,23), particularmente a remissão dos pecados (9,2p; Lc 7,50), e a salvação, da qual é a condição indispensável (Lc 8,12; Mc 16,16, cf. At 3,16+).

[j] Inspirando-se em Is 25,6;55,1-2; Sl 22,27 etc., o judaísmo representou, muitas vezes, sob a imagem de um festim a era messiânica: cf. 22, 2-14;26,29p; Lc 14,15; Ap 3,20; 19,9.

[k] Isto é, os judeus, herdeiros naturais da promessa. Aqueles dentre eles que não creram no Cristo verão os gentios tomarem os seus lugares.

[l] Imagem bíblica da cólera e do despeito dos ímpios em relação aos justos: cf. Sl 35,16;37,12; 112,10; Jó 16,9. Em Mt ela descreve a condenação.

A fé salva

Enquanto Jesus lhes falava sobre essas coisas, veio um chefe[d] e prostrou-se diante dele, dizendo: "Minha filha acaba de morrer. Mas vem, impõe-lhe a mão e ela viverá." Jesus levantou-se e o seguiu juntamente com os seus discípulos.

Enquanto ia, certa mulher, que sofria de um fluxo de sangue fazia doze anos, aproximou-se dele por trás e tocou-lhe a orla da veste, pois dizia consigo: "Será bastante que eu toque a sua veste e ficarei curada." Jesus, voltando-se e vendo-a, disse-lhe: "Ânimo, milha filha, a tua fé te curou." Desde aquele momento a mulher ficou curada.

Jesus, ao entrar na casa do chefe e ver os flautistas e a multidão em alvoroço,[e] disse: "Retirai-vos todos daqui, porque a menina não morreu: está dormindo." E riam-se dele. Mas assim que a multidão foi removida para fora, ele entrou, tomou-a pela mão e ela se levantou. A notícia do que aconteceu espalhou-se por toda aquela região.

A fé faz ver

Partindo Jesus dali, puseram-se a segui-lo dois cegos, que gritavam e diziam: "Filho de Davi [f], tem compaixão de nós!"

---

[d] Chefe de sinagoga, que se chamava Jairo, segundo Mc e Lc.

[e] Manifestações ruidosas do luto oriental.

[f] Título messiânico (2Sm 7,1+; cf. Lc 1,32; At 2,30; Rm 1,3), comumente admitido no judaísmo (Mc 12,35; Jo 7,42), e cuja

Quando entrou em casa, os cegos aproximaram-se dele. Jesus lhes perguntou: "Credes vós que tenho poder de fazer isso?" Eles responderam: "Sim, Senhor". Então tocou-lhes os olhos e disse: "Seja feito segundo a vossa fé". E os seus olhos se abriram. Jesus, porém, admoestou-os com energia: "Cuidado para que ninguém o saiba". Mas eles, ao sair dali, espalharam a sua fama por toda aquela região.

A fé liberta

Logo que saíram, eis que lhe trouxeram um endemoninhado mudo. Expulso o demônio, o mudo falou. A multidão ficou admirada e pôs-se a dizer: "Nunca se viu coisa semelhante em Israel!" Os fariseus, porém, diziam: "É pelo príncipe dos demônios que ele expulsa os demônios [g]".

O Pastor salva pela misericórdia

Jesus percorria todas as cidades e aldeias, ensinando nas sinagogas e pregando o Evangelho do Rei-

---

aplicação a Jesus é salientada sobretudo por Mt (1,1; 12,23; 15,22; 20,30p; 21,9.15). Entretanto Jesus não o aceitou, senão com reserva, porque ele estava comprometido com uma concepção puramente humana do Messias (Mt 22,41-46; cf. Mc 1,34+), preferindo a ele o título misterioso de "Filho do Homem"(8,20+).

[g] V. omitido pelos representantes do texto "ocidental".

no, enquanto curava toda sorte de doenças e enfermidades.

Ao ver a multidão, teve compaixão dela, porque estava cansada e abatida *como ovelhas sem pastor* [h]. Então disse aos seus discípulos: "A colheita é grande, mas poucos os operários! Pedi, pois, ao Senhor da colheita que envie operários para a sua colheita".

(In: *A Bíblia de Jerusalém - Novo Testamento*, Edições Paulinas, São Paulo, 1976.)

[h] Imagem bíblica: Nm 27,17; 1Rs 22,17; Jt 11,19; Ez 34,5.

JOSEMARÍA ESCRIVÁ DE BALAGUER Y ALBÁS - Sacerdote da Igreja Católica, nascido em Barbastro, Espanha, é fundador do Opus Dei, entidade religiosa voltada para a santificação através do exercício cotidiano do trabalho profissional e do cumprimento dos deveres pessoais, familiares e sociais de cada pessoa. Foi fundada em 1928, em Madrid, e por suas características beneméritas a entidade se propagou por todo o mundo. Após a morte de Monsenhor Escrivá, ocorrida em Roma, foram-lhe atribuídos muitos milagres e curas. Em razão disso, em 1991, foi solicitada sua canonização. Ele foi beatificado pelo Papa João Paulo II em 1992. (1902-1975).

"Pede humildemente ao Senhor que te aumente a fé. — E depois, com novas luzes, apreciarás bem as diferenças entre as sendas do mundo e o teu caminho de apóstolo."

Continue acreditando em si, tenha confiança

Norman Vincent Peale

"Os homens nascem para o sucesso e não para o fracasso", disse Henry Thoreau. "A confiança própria é o primeiro segredo do êxito", declarou Ralph Waldo Emerson.

Mas quantas pessoas não confiam em si!

Como são numerosos aqueles infelizes cuja carreira é mutilada por essa nefasta atitude de dúvida e descrença em si!

Devem ser, literalmente, milhões os homens e mulheres que, com efeito, proscrevem-se por carência de capacidade e habilidade. Esses desaventurados, esses patéticos indivíduos do tipo *falta-me alguma coisa,* andam estorvando-se e derrotando-se a si mesmos por toda parte.

Ainda recentemente recebi um telefonema internacional. A voz não pertencia a pessoa conhecida. Era um jovem que falava inglês, mas cuja voz chegava até mim amedrontada e até mesmo humilde.

— Acho-me de fato envolvido com alguma coisa que me é impossível enfrentar. Simplesmente impossível. Estou certo de que para mim é demais.

Não consigo... — E a voz sumiu, como que tragada pelo desespero.

— O senhor se julga uma pessoa normal? — interrompi.

— Mentalmente são? Bem... jamais me fizeram semelhante pergunta, mas não sou maluco ou coisa parecida.

— Bem. É doente ou tem algum problema físico?

— Oh, não. Sou jovem e gozo de excelente saúde.

— Ótimo! Quanto à instrução?

— Bem, sou formado e tenho um bom currículo escolar.

— Muito bem, jovem, examinemos a situação. Você é normal mental e fisicamente, possui bom nível de instrução. Por que então gasta todo esse dinheiro para telefonar-me no outro lado do Atlântico e dizer-me com voz fraca e tímida que está numa situação impossível de resolver?

— Bem, pensando nas várias dificuldades envolvidas, eu me senti subitamente atolado. Acho que me entreguei por completo. Depois, deparei com um de seus livros numa estante. Apanhei-o, li um trecho, calculei que agora seria meio-dia em Nova Iorque e lhe telefonei. Em cinco minutos tinha-o na ponta da linha. Formidável, hein?

— E tudo isto está a indicar uma considerável dose de agressividade da sua parte. Noto também em você uma inusitada capacidade executiva. Você não perdeu tempo dizendo de si para si: "Será que devo telefonar-lhe? Talvez ele não esteja em casa. E, caso consiga a ligação, que coisa lhe irei dizer? Talvez ele me tome por algum maluco". Nada disso, você não entreteve pensamentos negativos dessa ordem. Sua mente decidiu-se por uma atitude é você tratou de pô-la imediatamente em prática.

E isso me diz tudo a seu respeito. A sua observação inicial de que está com um problema sério demais e de que nada, nada pode fazer, indica apenas um "eu" espúrio e falso. Não lhe direi que seu problema não seja difícil. Talvez seja dos mais difíceis e decerto exigirá tudo de você, mas entenda bem uma coisa: quaisquer que sejam estas exigências, você tem condições para satisfazê-las. Uma pergunta mais: acredita em Deus?

— Dr. Peale — respondeu-me o moço —, se eu não acreditasse em Deus não estaria apelando para o senhor, um ministro!

— Muito bem. Então façamos uma coisa. Façamos uma prece aqui mesmo ao telefone. Será talvez a prece mais cara de todos os tempos, mas lá vamos nós! — E rezei para que ele usasse a sua boa saúde mental e física na solução do problema; rezei para que o seu espírito hesitante e atemorizado fosse reativado. Dei também graças por aquela sua atitude agressiva, atuante, e expressei a idéia positiva de que ele já estava efetivamente modificado.

— Bem, escreva-me qualquer hora e conte-me como resolveu o assunto. Estarei lhe mandando pensamentos positivos através do oceano.

Folgo em poder dizer que mais tarde ele enviou-me um relatório que indicava grandes progressos. Pelo menos a sua mudança de atitude tornou-se patente.

— Quando o senhor fez que eu começasse a acreditar em mim mesmo — escreveu o jovem — a confiança começou a voltar-me. Continuarei a pensar da forma que preconiza e creio que a capacidade de dominar as situações virá também.

Claro que virá. Qualquer pessoa pode aprender a dominar suas dificuldades, desde que aprenda a confiar em si. Tem-se então o primeiro segredo do êxito. Continue, portanto, acreditando em si. Tenha confiança.

As pessoas tornam-se deveras notáveis quando começam a pensar que são capazes de fazer as coisas. E aqueles que aprenderam a desenvolver uma crença realista e altruística em si próprios, aqueles que possuem profunda e arraigada confiança própria, constituem um patrimônio da humanidade, pois transmitem tal qualidade aos que dela carecem.

(In: *Você Pode, se Acha que Pode,* Norman Vincent Peale, Editora Cultrix, São Paulo, 1981.)

RENÉ DESCARTES - Filósofo, escritor e matemático francês. Deu início à filosofia científica. É considerado o "pai" da filosofia moderna baseada no princípio da ciência. Foi contemporâneo de Giordano Bruno e Galileu, porém, mais cauteloso que estes em suas teorias, não entrou em choque com a Igreja Católica e não teve problemas com a Inquisição. Sua filosofia deu origem ao termo "cartesiano". Entre suas obras mais famosas está o *Discurso do Método*. (1596 - 1650).

"

Os espíritos mais elevados são capazes das maiores faltas e das maiores virtudes.

"

Minutos de sabedoria

C. Torres Pastorino

Saiba compreender o que significa servir a Deus. Deus, a onipotência absoluta e infinita, de nada precisa.

Entretanto, quer ser servido, mas indiretamente, através de suas manifestações, que são as criaturas, animadas ou inanimadas.

Todas as vezes que servimos a um semelhante, a um animal, a uma planta, estamos servindo a Deus, porque Deus se manifesta ao homem através do próprio homem.

* * *

Viva sua vida interior com mais intensidade, porque Deus está permanentemente dentro de você, apesar de suas imperfeições e defeitos.

O Pai habita em todas as coisas criadas, chamando todas as criaturas para o caminho da justiça, da virtude, do amor.

Ninguém pode destruir esta verdade: Deus está dentro de você.

Saiba descobri-LO e terá conquistado a felicidade.

(In: *Minutos de Sabedoria,* C. Torres Pastorino, Editora Vozes, Petrópolis, 1993.)

A sabedoria de Lao-Tse

A atuação do invisível no visível

Trinta raios convergentes no centro tem uma roda.
Mas somente os vácuos entre os raios
É que facultam seu movimento.[1]
O oleiro faz um vaso, manipulando a argila,
Mas é o oco do vaso que lhe dá utilidade.
Paredes são massas com portas e janelas,
Mas somente o vácuo entre as massas
Lhes dá utilidade —
Assim são as coisas físicas,
Que parecem ser o principal,
Mas o seu valor está no metafísico.

(In: *Tao Te Ching*, Lao-Tse, trad. Huberto Rohden).

---

[1] Lao-Tse se refere, provavelmente, à roda de um moinho de vento, que não funcionaria, se não houvesse interstícios entre as palhetas, por onde passa o vento.

Pensamentos de autocura

Louise L. Hay

Alguns dos outros pontos básicos de minha filosofia podem ser resumidos assim:

• *É apenas um pensamento, e um pensamento pode ser mudado.*

Acredito que tudo na vida começa com um pensamento. Não importa qual seja o problema, nossas experiências são apenas efeitos exteriores de pensamentos íntimos. Até o ódio que você sente por si mesmo é apenas ódio contra uma noção que tem a seu próprio respeito. Por exemplo, se um pensamento lhe dita: "Sou uma pessoa má", esse pensamento produz um sentimento de ódio contra si mesmo. Se você não tivesse o pensamento, não teria o sentimento. Os pensamentos podem ser mudados. Escolha conscientemente um novo pensamento que lhe diga: "Sou uma pessoa maravilhosa". Mude o pensamento e mudará o sentimento também. Cada um de nossos pensamentos cria o futuro.

• *O ponto do poder localiza-se sempre no momento presente.*

O momento presente é tudo o que temos. Tudo o que decidimos pensar, acreditar e dizer agora está formando as experiências de amanhã, da semana que vem, do mês que vem, do ano que vem, e assim por diante. Quando focalizamos nossos pensamentos e convicções no momento atual, escolhendo-os com o mesmo cuidado com que escolhemos um presente para um amigo querido, adquirimos o poder de estabelecer o curso que preferirmos para nossa vida. Se focalizarmos o passado, não teremos energia suficiente para dedicar ao momento presente. Se vivermos no futuro, estaremos vivendo uma fantasia. O único momento real é o *agora*. É aí que começa o processo de mudança.

• *Devemos relegar o passado e perdoar a todos.*

Quem sofre somos nós mesmos, quando nos prendemos a ofensas antigas. Deixamos que situações e pessoas do passado tenham poder sobre nós, e essas mesmas situações e pessoas nos mantêm mentalmente escravizados. Continuam a controlar-nos quando permanecemos presos à decisão de não perdoar. É por isso que o perdão é tão importante. Perdoar — deixar ir aqueles que nos ofenderam — significa deixar ir nossa identidade de ofendido. Isso permite que nos livremos do desnecessário ciclo de dor, raiva e recriminação que nos mantêm presos ao sofrimento. O que perdoamos não é a ação, mas a pessoa que agiu. Estamos perdoando seu sofrimento, a confusão, a falta de habilidade, o desespero e sua humanidade. Quando pusermos os sentimentos para fora e os deixarmos ir, estaremos prontos para seguir em frente.

• *Nossa mente está sempre ligada à Mente Infinita.*

Estamos ligados a essa Mente Infinita, a esse Poder Universal que nos criou, por meio da centelha de luz que temos no interior do nosso Eu Superior, do poder que existe dentro de nós. A Mente interior é a mesma Mente que dirige toda a vida. Cabe-nos aprender as Leis da Vida e cooperar com elas. O Poder Universal ama todas as suas criações e também nos dá plena liberdade para tomarmos nossas próprias decisões. É um poder voltado para o bem e dirige tudo em nossa vida, quando o permitimos. Não é um poder que se vinga ou castiga. É uma lei de causa e efeito. É puro amor, liberdade, compreensão e compaixão. Espera, em sorridente repouso, enquanto aprendemos a entrar em contato com ele. É importante entregarmos a vida ao Eu Superior, porque através dele recebemos o bem.

• *Ame-se.*

Seja incondicional e generoso em seu amor por si mesmo. Elogie-se o mais que puder. Quando perceber que é amado, o amor inundará todas as áreas de sua vida e se difundirá, retornando muitas vezes multiplicado. Desse modo, amando a si mesmo, estará ajudando a curar este planeta. Ressentimento, medo, crítica e sentimento de culpa geram mais problemas que qualquer outra coisa, mas nós *podemos* mudar os padrões de pensamento, perdoar a nós mesmos e aos outros e aprender a amar o eu, fazendo desses sentimentos destrutivos coisas do passado.

• *Cada um de nós decide encarnar-se neste planeta, num determinado ponto no tempo e no espaço, para aprender lições que nos farão avançar no caminho da evolução espiritual.*

Acredito que estamos todos fazendo uma viagem sem fim através da eternidade. Escolhemos sexo, cor de pele, país natal e, então, olhamos em volta, procurando o casal perfeito de pais, pessoas que "espelhem" nossas convicções. Todos os acontecimentos da vida e todas as pessoas que encontramos nos ensinam lições valiosas.

Ame sua vida e a si mesmo. Eu amo!

(In: *Vida!*, Louise L. Hay, Círculo do Livro, São Paulo, 1995.)

ARISTÓSTELES - Filósofo grego, discípulo de Platão. Está incluído entre os grandes filósofos do mundo. Além da Filosofia, destacou-se também no estudo da Biologia e Ciências Naturais. Produziu centenas de obras sobre todos os temas do saber humano. A soma de suas obras constitui a Enciclopédia da Grécia. Foi o criador da terminologia da ciência e da Filosofia usadas até os dias atuais. As obras *Política*, *Metafísica* e *Ética* estão entre os legados que deixou para a posteridade (384 - 322 a.C.).

"A filosofia é a ciência que leva em consideração a verdade."

O segredo da cura pela fé

Huberto Rohden

É fato histórico universalmente reconhecido que as forças espirituais do homem curam doenças corporais e mentais. Jesus recomenda a seus discípulos essa terapia como normal e única, e todos os grandes mestres espirituais da humanidade afinam pelo mesmo diapasão.

Em que consiste essa cura pela fé?

Consiste simplesmente na firme convicção e profunda experiência de que o homem — tanto o curador como o curado — é, no seu íntimo ser, perfeita saúde e sanidade; que o seu verdadeiro Eu é o "espírito de Deus que nele habita", no dizer de São Paulo; que a íntima essência humana é idêntica à essência do próprio Universo, que é o próprio Deus.

Ora, é evidente e lógico que a essência de Deus e a alma do Universo não possam estar doentes; Deus e o Cosmos são perfeita saúde e sanidade.

Quem é que está doente?

Doente está algo que eu *tenho*, e não aquilo que eu *sou;* algo nas minhas periferias, no meu ego ou na minha persona é que está desarmonizado — mas eu sou perfeita saúde e sanidade, porque eu, na minha essência, sou a essência de Deus e do Universo, que não estão nem podem jamais estar doentes.

A cura consiste, pois, em re-harmonizar o meu ego externo com a harmonia do meu Eu interno; fazer o meu ego humano (persona) à imagem e semelhança do meu Eu divino (indivíduo).

Se eu conseguir essa re-harmonização, estarei curado.

Mas como realizar esse processo?

Aqui é que bate o ponto!

Antes de tudo, não basta *pensar,* nem simplesmente *querer* essa re-harmonização, porque tanto o pensar como o querer são do ego, que é fraco e está doente — doente não cura doente. É necessário que eu *viva* integralmente esse processo de re-harmonização — e essa profunda vivência é do meu verdadeiro e divino Eu, que não está doente, e pode, portanto, curar o ego doente.

Mas é precisamente aqui que terminam todas as teorias e técnicas. Aqui não há mestre nem discípulo — aqui deve atuar uma profunda e misteriosa vivência ou experiência da última realidade do próprio homem.

Por que é tão rara e tão difícil essa profunda vivência da verdade sobre o nosso verdadeiro Eu?

É porque o regime do nosso ego é multimilenar, da parte dos nossos antepassados, e conta com alguns decênios, da parte da nossa própria vida individual — e esse ego personal é visceralmente *separatista:* sente-se como algo separado do grande Todo divino-cósmico, e isto precisamente por ser "persona", palavra latina para "máscara". Assim como a máscara que o ator usa no palco para desempenhar o papel do rei, do ladrão, do assassino etc., não é o seu verdadeiro indivíduo ou Eu, mas tão-somente o seu pseudo-Eu ou ego — da mesma forma o nosso ego representa um papel *separatista*, falso, quando a verdadeira natureza do homem é *inseparatista* ou indivídua, isto é, *indivisa*, não-dividida, não-separada do grande Todo.

O separatismo permite doença — o inseparatismo exclui doença.

A transição da ilusão do separatismo, criado pelo ego, para a verdade do inseparatismo, criada pelo Eu — é nisto que consiste o último segredo da cura pela fé.

A cura pela fé é, na realidade, uma cura pela Verdade — assim como a doença vem da inverdade, ou do erro.

Enquanto o ego separatista se mantiver nessa ilusão e nessa prepotência, e enquanto o Eu for vítima da sua impotência, nada vai acontecer; a doença continua, porque continua o erro. Só quando o Eu conquistar plena vitória sobre o ego, derrotando as trevas do erro com a luz da Verdade — então terminará a doença, porque a Verdade é essencialmente libertadora.

O exercício diário da meditação abismal, isto é, a intensa e diuturna focalização do verdadeiro EU SOU, ajudará grandemente a aplainar o caminho, enfraquecendo a ilusão do ego e fortalecendo a verdade do Eu.

Além disto, o que, não raro, é decisivo nesse processo é um grande *sofrimento*, porque o sofrimento, devidamente compreendido e espontaneamente aceito, possui uma extraordinária força purificadora e redentora; purifica-nos do erro e redime-nos para a verdade.

No dia e na hora em que eu aceitar plenamente

a verdade sobre mim mesmo, serei curado de todas as minhas enfermidades, filhas da ignorância e do erro.

"Conhecereis a Verdade — e a Verdade vos libertará "

(In: *Ídolos ou Ideal?*, Huberto Rohden, Editora Martin Claret, São Paulo, 1983.)

CONFÚCIO (Kung Fu Tsé) - Filósofo e sábio chinês, nascido na província de Lu. Contemporâneo de Lao-Tse. Ocupou o cargo de ministro de uma cidade chinesa, ocasião em que divulgou sua filosofia. Por defender os pobres e miseráveis com suas idéias filosóficas, foi mal-interpretado e rejeitado até mesmo pelo povo. Sua fama só foi reconhecida após sua morte (551-478 a.C.).

"*Cinco coisas constituem a virtude perfeita: sobriedade, magnanimidade, honestidade, sinceridade e bondade.*"

O cântico do irmão Sol*

São Francisco de Assis

Altíssimo, onipotente, bom Senhor,
Teus são o louvor, a glória, a honra
E toda a bênção.

Só a ti, Altíssimo, são devidos;

* Quase moribundo, compôs São Francisco o *Cântico* das criaturas. Até ao fim da vida queria ver o mundo inteiro num estado de exaltação e louvor a Deus. No outono de 1225, enfraquecido pelos estigmas e enfermidades, ele se retirou para São Damião. Quase cego, sozinho numa cabana de palha, em estado febril e atormentado pelos ratos, deixou para a humanidade este canto de amor ao Pai de toda a criação. A penúltima estrofe, que exalta o perdão e a paz, foi composta em julho de 1226, no palácio episcopal de Assis, para pôr fim a uma desavença entre o bispo e o prefeito da cidade. Estes poucos versos bastaram para impedir a guerra civil. A última estrofe, que acolhe a morte, foi composta no começo de outubro de 1226. A oração do santo diante do crucifixo de São Damião e o *Cântico do sol* são as únicas obras de São Francisco escritas em italiano antigo e, por isso, são dos mais importantes documentos literários da linguagem popular. Foi nesta língua que ele certamente ditou a maioria de seus escritos, antes que os irmãos versados em letras os traduzissem para a língua comum da época, o latim.

E homem algum é digno
De te mencionar.

Louvado sejas, meu Senhor,
Com todas as tuas criaturas,
Especialmente o senhor irmão Sol,
Que clareia o dia
E com sua luz nos alumia.

E ele é belo e radiante
Com grande esplendor:
De ti, Altíssimo, é a imagem.

Louvado sejas, meu Senhor,
Pela irmã Lua e as Estrelas,
Que no céu formaste claras
E preciosas e belas.

Louvado sejas, meu Senhor,
Pelo irmão Vento,
Pelo ar, ou nublado
Ou sereno, e todo o tempo,
Pelo qual às tuas criaturas dás sustento.

Louvado sejas, meu Senhor
Pela irmã Água,
Que é mui útil e humilde
E preciosa e casta.

Louvado sejas, meu senhor,
Pelo irmão Fogo
Pelo qual iluminas a noite.
E ele é belo e jucundo
E vigoroso e forte.

Louvado sejas, meu Senhor,
Por nossa irmã a mãe Terra,
Que nos sustenta e governa,
E produz frutos diversos
E coloridas flores e ervas.

Louvado sejas, meu Senhor,
Pelos que perdoam por teu amor,
E suportam enfermidades e tribulações.

Bem-aventurados os que as sustentam em paz,
Que por ti, Altíssimo, serão coroados.

Louvado sejas, meu Senhor,
Por nossa irmã a Morte corporal,
Da qual homem algum pode escapar.

Ai dos que morrerem em pecado mortal!
Felizes os que ela achar
Conformes à tua santíssima vontade,
Porque a morte segunda não lhes fará mal!

Louvai e bendizei a meu Senhor,
E dai-lhe graças,
E servi-O com grande humildade.

(In: *São Francisco de Assis*, Escritos e Biografia de São Francisco de Assis, Editora Vozes, Petrópolis, 1988.)

O "projeto humano"

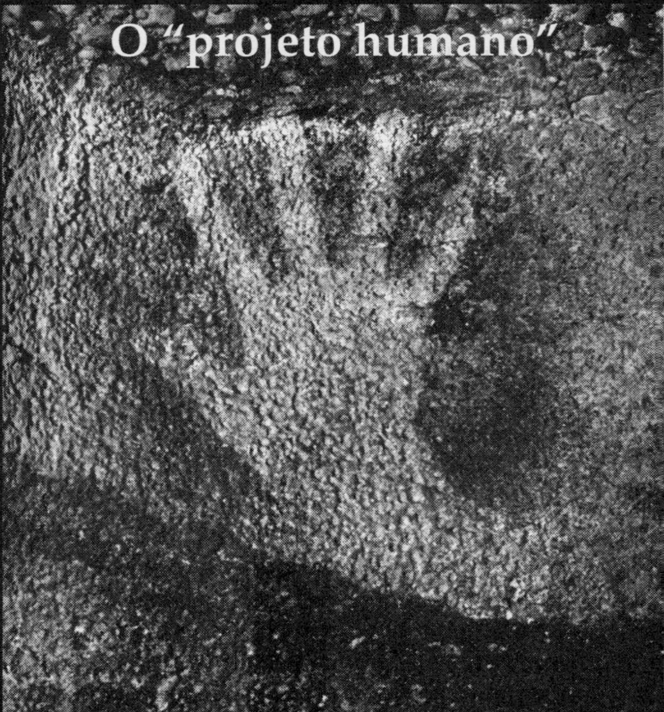

Pintura de uma mão, El Castilho, Santander, Espanha

Em cavernas como a de Altamira encontramos registros daquilo que dominava a mente do homem caçador. Para mim, o poder aqui expresso pela primeira vez é o poder da antecipação: a imaginação projetada no futuro.

Desde o início da escalada do homem, a fé e a confiança em si mesmo foram fatores culturais decisivos para a sua perfeição. O homem é o criador de sua própria perfeição. *(Martin Claret)*

Religião

Nova Enciclopédia Barsa

O medo do desconhecido e a necessidade de dar sentido ao mundo que o cerca levaram o homem a fundar diversos sistemas de crenças, cerimônias e cultos — muitas vezes centrados na figura de um ente supremo — que o ajudam a compreender o significado último de sua própria natureza. Mitos, superstições ou ritos mágicos que as sociedades primitivas teceram em torno de uma existência sobrenatural, inatingível pela razão, equivaleram à crença num ser superior e ao desejo de comunhão com ele, nas primeiras formas de religião.

Religião (do latim *religio*, cognato de *religare*, "ligar", "apertar", "atar", com referência a laços que unam o homem à divindade) é como o conjunto de relações teóricas e práticas estabelecidas entre os homens e uma potência superior à qual se rende culto, individual ou coletivo, por seu caráter divino e sagrado. Assim, religião constitui um corpo organizado de crenças que ultrapassam a realidade da ordem natural e que tem por objeto o sagrado ou sobrenatural, sobre o qual elabora sentimentos, pensamentos e ações.

Essa definição abrange tanto as religiões dos povos ditos primitivos quanto as formas mais complexas de organização dos vários sistemas religiosos, embora variem muito os conceitos sobre o conteúdo e a natureza da experiência religiosa. Apesar dessa variedade e da universalidade do fenômeno no tempo e no espaço, as religiões têm como característica comum o reconhecimento do sagrado (definição do filósofo e teólogo alemão Rudolf Otto) e a dependência do homem de poderes supramundanos (definição do teólogo alemão Friedrich Schleiermacher). A observância e a experiência religiosas têm por objetivo prestar tributos e estabelecer formas de submissão a esses poderes, nos quais está implícita a idéia da existência de ser ou seres superiores que criaram e controlam o cosmos e a vida humana.

Aquelas características, que de certa forma não distinguem uma religião de *outra*, levaram ao debate sobre religião natural e religião revelada, o que recebeu significação especial nas teologias judaica e cristã. O americano Mircea Éliade, historiador das religiões, denominou "hierofania" a essa manifestação do sagrado, ou seja, algo sagrado que é mostrado ao homem. Seja a manifestação do sagrado uma pedra ou uma árvore, seja a doutrina da encarnação de Deus em Jesus Cristo, trata-se sempre de uma hierofania, de um ato misterioso que revela algo completamente diferente da realidade do mundo natural, profano.

Por mais que a mentalidade ocidental moderna possa repudiar certas expressões rudimentares ou exóticas das religiões primitivas, na realidade a pedra e a árvore não são adoradas enquanto tais, como expressões de algo sagrado, que paradoxalmente transforma o objeto numa outra realidade. O sagrado e o profano configuram duas modalidades de estar no mundo e duas atitudes existenciais do homem ao longo de sua história. Contudo, as reações do homem frente ao sagrado, em diferentes contextos históricos, não são uniformes e expressam um fenômeno cultural e social complexo, apesar da base comum. Embora não seja fácil elaborar uma classificação sistemática das religiões, pode-se agrupá-las em duas categorias amplas: religiões primitivas e religiões superiores. Nessa divisão, o qualificativo superior refere-se ao desenvolvimento cultural e não ao nível de religiosidade.

Religiões primitivas. A importância do culto aos antepassados levou filósofos e historiadores — como Evêmero, no século IV a. C. — a considerá-lo a origem da religião. As sepulturas paleolíticas corroboram essa opinião, pois comprovam já haver, naquele período, a crença numa vida depois da morte e no poder ou influência dos antepassados sobre a vida cotidiana do clã familiar. Os integrantes do clã obrigavam-se a praticar ritos em homenagem a seus defuntos pelo temor a represálias ou pelo desejo de obter benefícios ou, ainda, por considerá-los divinizados.

No século XIX, os estudos realizados pelo antropólogo britânico Edward Burnett Tylor deram origem ao conceito de animismo, aplicado desde então a todas as religiões primitivas. Tylor sustentou que o homem primitivo, a partir da experiência do sonho e do fenômeno da respiração, concebeu a existência de uma alma ou princípio vital imaterial que habitava todos os seres dotados de movimento e vida. O temor diante dos fenômenos naturais ou a necessidade de obter seus benefícios impeliu-o a render-lhes veneração e culto.

O fetichismo e o totemismo podem ser considerados variantes do animismo. O fetichismo refere-se à denominação que os portugueses deram à religião dos negros da África ocidental e que se ampliou até confundir-se com o animismo. Consiste na veneração a objetos aos quais se atribuem poderes sobrenaturais ou que são possuídos por um espírito. Mais que uma religião, o totemismo seria um sistema de crenças e práticas culturais que estabelece relação especial entre um indivíduo ou grupo de indivíduos e um animal — às vezes também um vegetal, um fenômeno natural ou algum objeto material — ao qual se rende algum tipo de culto e respeito e em relação ao qual se estabelecem determinadas proibições (uso como alimento, contato etc.).

Religiões superiores. À medida que o homem passou a organizar sua existência numa base racional, a multiplicidade de poderes divinos e sobre-humanos do primitivo animismo não conseguiu mais satisfazer à necessidade de estabelecer uma relação coerente com as múltiplas forças espirituais que povoavam o universo. Surgirarn assim as religiões politeístas, panteístas, deístas e monoteístas, expressões das condições sociais e culturais de cada época e das características dos povos em que surgiram.

As religiões politeístas afirmam a existência de vários deuses, aos quais rendem culto. Existem duas teorias contraditórias sobre a origem do politeísmo: para alguns, é a forma primitiva da religião, que mais tarde teria evoluído até o monoteísmo; para outros, ao contrário, é uma degeneração do monoteísmo primitivo. O politeísmo reflete a experiência humana de um universo no qual se manifestam diversas formas de poder sobre-humano; no entanto, nas religiões politeístas ocorre com freqüência uma hierarquia, com um deus supremo que reina e que, em geral, pode ser a origem dos demais deuses. O problema do politeísmo seria delimitar o que se entende como deus ou como algo sobre-humano. Politeístas foram a religião grega e a romana.

O panteísmo é uma filosofia que, por levar a extremos as noções de absoluto e de infinito, próprias do conceito de Deus, chega a considerá-lo como a única realidade existente e, portanto, a identificá-lo com o mundo. É clássica a formulação do filósofo Baruch Spinoza, no século XVII *Deus sive natura* (Deus ou natureza). Alguns filósofos gregos e estóicos foram panteístas, doutrina que também é a base fundamental do budismo.

Também uma corrente filosófica, o deísmo, reconhece a existência de Deus enquanto constitui um ser supremo de atributos totalmente indeterminados. Essa doutrina funda-se na religião natural, que nega a revelação. O que o homem conhece a respeito de Deus não decorre apenas das deduções da própria razão humana. Se o universo físico é regulado por leis segundo a vontade de Deus, as relações entre Deus e o mundo moral e espiritual devem ser similares, reguladas com a mesma precisão e, portanto, naturais. O período do Iluminismo (séculos XVII-XVIII) proclamou o culto à deusa razão e a revolução francesa ajudou a organizá-lo.

As religiões monoteístas professam a crença num Deus único, transcendente — distinto e superior ao universo — e pessoal. Um dos grandes problemas do monoteísmo é a explicação da existência do mal no mundo, o que levou diversas religiões a adotarem um sistema dualista, o maniqueísmo, fundado nos princípios supremos do bem e do mal.

As grandes religiões monoteístas são o judaísmo, o cristianismo — que professa a existência de um só Deus, apesar de reconhecer, como mistério, três pessoas divinas — e o islamismo.

Elementos característicos dos sistemas religiosos.

Os princípios elementares comuns à maioria das religiões conhecidas na história podem agrupar-se nos seguintes capítulos: crenças, ritos, normas de conduta e instituições.

Toda religião pressupõe algumas crenças básicas, como a sobrevivência depois da morte, mundo sobrenatural etc., ao menos como fundamento dos ritos que pratica. Essas crenças podem ser de tipo mitológico — relatos simbólicos sobre a origem dos deuses, do mundo ou do próprio povo; ou dogmático — conceitos transmitidos por revelação da divindade, que dá origem à religião revelada e que são recolhidos nas escrituras sagradas em termos simbólicos, mas também conceituais.

Os conceitos fundamentais organizam-se, de modo geral, em um credo ou profissão de fé; as deduções ou explicações de tais conceitos constituem a teologia ou ensinamento de cada religião, que enfoca temas sobre a divindade, suas relações com os homens e os problemas humanos cruciais — a morte, a moral, as relações humanas etc. Entre as crenças destaca-se, em geral, uma visão esperançosa sobre a salvação definitiva das calamidades presentes, que pode ir desde a mera ausência de sofrimento até a incógnita do nirvana ou a felicidade plena de um paraíso.

A manifestação das próprias crenças e anseios mediante ações simbólicas é inerente à expressividade humana. Da mesma forma, as crenças e sentimentos religiosos têm se manifestado através dos ritos, ou ações sagradas, praticados nas diferentes religiões. Até no budismo, contra o ensinamento de Buda, desenvolveram-se desde o começo diversas classes de rituais. Toda religião que seja mais do que uma filosofia gera uma série de ritos ao ser vivida pelo povo. Existem ritos culturais em honra à divindade, ritos funerários, ritos de bênçãos ou de consagração e muitos outros.

Observa-se em geral, nas diversas religiões, a existência de ministros ou sacerdotes encarregados de celebrar os principais rituais e, em especial, o culto à divindade. Os atos mais importantes desse culto são oferendas e sacrifícios praticados em conjunto, com invocações e orações. Com freqüência celebram-se os ritos em lugares e épocas considerados sagrados, especialmente dedicados à divindade, e observados com escrupulosa exatidão através dos tempos.

O terceiro elemento característico de toda religião é o estabelecimento, mais ou menos coercitivo, de normas de conduta do indivíduo ou do grupo no que se refere a Deus, a seus semelhantes e a si mesmo. O primeiro comportamento exigido é a conversão ou mudança para um novo modo de vida. Com relação a Deus, destacam-se as atitudes de veneração, obediência, oração e, em algumas religiões, o amor. Na conduta no âmbito da esfera humana entra, em maior ou menor medida, um sistema de normas éticas.

Quase todas as religiões cristalizam-se em algumas instituições dogmáticas (doutrinárias) e cultuais (sacerdócio, hierarquia). Muitas delas chegam a institucionalizar a conduta, com a criação até mesmo de tribunais de justiça e sanções e a organizar administrativamente as diversas comunidades de crentes e suas propriedades. Essas instituições dão forma e coesão aos crentes como um grupo social — religião, povo, igreja, comunidade; a elas somam-se outras instituições voluntárias de tipo assistencial ou de plena dedicação religiosa, que correspondem a grupos informais dentro do grupo institucionalizado. As instituições consideram imprescindível a forma externa, enquanto que a fé considera o espírito interno como essencial à religião.

(In: *Nova Enciclopédia Barsa*, vol. 12, Encyclopaedia Britannica do Brasil Publicações, São Paulo, 1997.)

A árvore da ciência do bem e do mal

Esta gravura do final do século XVIII representa a Árvore da Ciência do Bem e do Mal e sem dúvida está inspirada em uma fonte anterior, a qual demonstra que o chamado "século das luzes" foi também uma época de ressurgimento do místico e do irracional. A árvore tem a sua raiz direita no céu (a consciência superior) e a esquerda no inferno (o subconsciente). (*A Árvore da Ciência*, gravura de Geheime Figuren der Rosenkreuzer... 1785.)

"Seja o objeto de sua fé verdadeiro ou falso, você obterá os mesmos resultados."

Paracelso

MARTIN CLARET - Empresário, editor e jornalista. Nasceu na cidade de Ijuí, RS. Presta consultoria a entidades culturais e ecológicas. Na indústria do livro, inovou criando o conceito do livro-clipping. É herdeiro universal da obra literária do filósofo e educador Huberto Rohden. Está escrevendo o livro *O Infinito Jogo da Vida — Novas Tecnologias para Atualização do Potencial Humano.* (1928 -   ).

"

Fé é a perfeita fidelidade da imagem mentalizada com o objeto da mentalização.

"

Antonello da Messina
(1430-1479)

O pintor italiano Antonello nasceu em Messina, Itália, e era filho de um canteiro, que talvez também fosse marmorista.

Iniciou sua aprendizagem no campo da pintura sob a supervisão do mestre Colantino, em Nápoles.

O seu estilo caracteriza-se por se basear num realismo idealizado em que cada elemento do quadro era objeto de um profundo estudo por parte do artista. A sua capacidade para captar a luz dos ambientes paisagísticos é assombrosa, assim como o domínio de uma variedade de cores muito extensa e rica em tonalidades intermédias. É um colorista nato, mas, ao mesmo tempo, concede um valor prioritário ao desenho. Assim, as suas figuras aparecem sempre bem contornadas com finas, mas perceptíveis, linhas.

Por ter vivido os últimos anos de sua vida trabalhando longas temporadas no Norte da Itália e principalmente em Veneza, Antonello é considerado um pintor da escola veneziana, cujas características são o colorido, a luz vaporosa, a sensualidade e os temas pagãos. Foi ele quem introduziu o óleo na pintura, nesta região.

Ainda que sejam muitas as obras de Antonello sobre a temática religiosa, o artista também pintou numerosos retratos. Emprega geralmente para estes retratos fundos escuros sobre os quais se destacam a pele e as vestes das figuras. É extraordinária a vivacidade que consegue transmitir aos solhos dos personagens representados, tornando-os tremendamente penetrantes, ao ponto de se ter afirmado que superam largamente a realidade. Este tipo de tratamento contribui muito para o estudo psicológico do retratado, de quem o artista pretende dar algo mais que o aspecto meramente externo. Por estas qualidades, Antonella é considerado como o introdutor do retrato na pintura Veneziana.

Uma das principais realizações levadas a cabo por Antonello em veneza foi o "Retábulo de São cassiano", executado para a igreja do santo daquela cidade. Pouco depois da sua realização, o retábulo, ignora-se por que o motivo, desmembrou-se e por partes separadas foi parara distintas coleções de pintura. A parte central do retábulo estava presidida pela imagem da Virgem Maria entronizada e com o Menino Jesus. Ao lado da Virgem estavam colocados diferentes santos, como São Nicolau de bari, santa madalena, santa Úrsula e São Domingos. esta pintura é considerada de capital omportância na trajetória do artista de Messina, porquanto dela derivam determinadas composições de outros artistas.

Uma das suas melhores pinturas o "São Jerônimo no Seu Estúdio", pintado em 1474, é um quadro de pequenas dimensões, na técnica óleo sobre tábua.

neste quadro, os pormenores das plantas, árvores, colinas, animais e objetos são de uma riqueza enorme. O emolduramento arquitetônico, como as linhas que permitem estabelecer uma perspectiva linear, revelam quão precisa é a execução do artista.

A presença de Antonello da Messina no Norte da Itália permitiu um favorável intercâmbio de influências, onde outros artistas se beneficiaram das inovações do artista, entre os quais Giovanni Bellini, que se afastou dos ensinamentos de Mantegna para se proximar das formas e das cores de Antonello.

No quadro "Virgem da Anunciação" (capa deste livro), pode apreciar-se a grande capacidade do artista para representar diferentes tipos de textura. O manto da Virgem revela o volume e o peso típicos do tecido. Também o livro entreaberto mostra a flexibilidade do papel. A delicadeza do rosto e a suavidade das linhas fazem desta pintura uma das mais belas realizações do pintor de Messina.

Última Mensagem

Martin Claret

Este livro-clipping é uma experiência
educacional. Ele vai além da
mensagem explícita no texto.
É um livro "vivo" e transformador.
Foi construído para, poderosamente,
reprogramar seu cérebro com informações
corretas, positivas e geradoras de ação.
O grande segredo para usá-lo com eficácia é a
aplicação da mais antiga pedagogia ensinada
pelos mestres de sabedoria de todos os tempos:
A REPETIÇÃO.
Por isto ele foi feito em formato de bolso,
superportátil, para você poder carregá-lo
por toda parte, e lê-lo com freqüência.
Leia-o, releia-o e torne a relê-lo, sempre.
Invista mais em você mesmo.
Esta é uma responsabilidade e
um dever somente seus.
Genialize-se!